U0928505

中国十八怪

十月来客●著

人民日报出版社

图书在版编目（CIP）数据

中国十八怪 / 十月来客著. -- 北京 : 人民日报出版社, 2012.2

ISBN 978-7-5115-0670-2

Ⅰ. ①中　Ⅱ. ①十　Ⅲ. ①社会管理－研究－中国
Ⅳ. ①D63

中国版本图书馆CIP数据核字(2011)第203103号

书　　名： 中国十八怪
作　　者： 十月来客

出 版 人： 董 伟
责任编辑： 宋 娜
封面设计： Edge_Design

出版发行： 人民日报出版社
社　　址： 北京金台西路2号
邮政编码： 100733
发行热线： （010）65369527 65369509 65369510
邮购热线： （010）65369530
编辑热线： （010）65369521
网　　址： www.peopledailypress.com
经　　销： 新华书店
印　　刷： 北京京都六环印刷厂

开　　本： 880×1230　32开
字　　数： 180千
印　　张： 8
印　　次： 2012 年 6 月第1 版　　2012 年 6月 第1 次印刷

书　　号： 978-7-5115-0670-2
定　　价： 36.80元

目 录
Contents

第三篇　中国人十八怪

第四篇　中国官场十八怪

第五篇　中国人情十八怪

第六篇　中国传统十八怪

第七篇　中国时尚十八怪

第八篇　中国经济十八怪

第九篇　中国教育十八怪

第十篇　中国家庭十八怪

第十一篇　中国文艺十八怪

第十二篇　中国体育十八怪

第十三篇　中国城乡十八怪

第十四篇　中国武术十八怪

第十五篇　中国医药十八怪

第十六篇　中国语言十八怪

中国十八怪

序

我遍历列国，博闻广识，比较中西，感想甚多。近日出版社约我写稿，可杂事太多，难以静心。再说现在国人浮躁，不读正经，倒是三教九流、歪门邪道之术甚嚣尘上，厚黑、行骗、搞笑、胡编、穿越之书，颇得青睐，连一脸古板皱褶的张艺谋也弄了根“三枪”舞弄；闫妮、姚晨的武林外传，更是将五千年武术正道打得东倒西歪；走街串巷的二人转小卖赵本山竟成了CCTV的首席“金鸡学家”，连一帮超女美眉都竞相投到老赵门下，致使一般道德老先生无不恨得咬牙切齿地咒骂：阳春白雪，和者死绝；下里巴人，粉丝如蝇。

我这个人自幼鄙视搞笑轻浮浅薄，崇尚智者睿智高雅，以为正人君子当不苟言笑。因此，一贯正襟危坐，严肃有余，幽默不足。早年曾与人恋爱，因小女子好玩，要求我能逗她乐翻天；自思无能为力，乃急流勇退，从此埋头读书，远离金钱美女。一心致力于中国改革发展，在经济改革领域征战半生，创新不断，特别以“民营化”锦囊总揽改革全局，零敲杂碎尽在其中。虽备受磨难，然矢志不移。庆幸的是，三十年实践证明：用我说者昌，批我说者伤，遂自以改革家为荣。

然则，近年来，随着70、80、90后批量产出，思想文风，通俗风行，直白孚众，蔚为风气，大有颠覆传统，扫荡经典之势。古往今来，为中国发展流血奋战之辈早已被凉快处理，后生晚辈对前人奋斗求生不仅无丝毫体恤之情，反倒多有揶揄之意，而锦衣美食的西方游学者乘虚而入，高谈阔论，将中国改革发展之成就悉数揽入怀中，视我中华如无人，致使我等自命清高者几乎穷途末路，沦为乞丐（不幸的是，某地真有一作家讨饭，还有一拨名流，求富婆包养）。

古人曰："识时务者为俊杰"，我以为所谓"时务"即为"当今潮流"。昔日白石老人有中年变法，于五十创新先例。吾素来见贤思齐，故有心变革文风，亦生脱胎换骨之念，遂将半生观察世事之心得，以少年习得的文坛十八般武艺包装一番，创新一综合文体，以适应当今信息时代声像并茂的快速阅读之需求，欲以通俗幽默之形式，求洞察人生世事之内质。否则，游学四方，为克己复礼，奔波半生，举目四望，依然忧心忡忡者多，可口可乐者寡，以后到了天堂仍不见笑声，不亦悲乎！

游览一年来茶余饭后在网上博客中的笑谈随笔，颇有点搞笑味道，于是遵编辑之嘱，凑一集子出版，以飨后生。

念文艺源出民间，又贵在创新；忽忆昔日访云南，有十八怪之说，乃灵机一动，计上心来，以此为基础，随手涂鸦，成一体裁，曰十八怪体：其特点为寻奇访怪，以六字句节奏铿锵有力，干脆利落，有诙谐之韵，鞭策之声，正事戏说。又收集平日随笔漫谈，或反语，或揶揄，且文白相间，也不拘格律音韵，可附录为注释、诠解，其文可称“杂文”，其诗则只能自命为“谐诗”了，皆为适应“世风日下，人心不古”也。更有奇想，又顺手涂鸦，竟颇有意思，于是，又加上漫画相配，成一新体裁也。

中国人历来遵循“家丑不可外扬”的原则，所以，不愿觉醒，不易警醒。等到出丑多了，屁股肿了，方才醒悟，已经晚矣。看人家美国人、德国人、日本人敢于揭自己的短，家丑就是要外扬，反而，时时警醒，天天向上，结果后来居上，世界称雄。国人闭关锁国，夜郎自大，讳疾忌医，随波逐流，是为近代落后之根本。因此，随笔慨叹，我就是要揭揭国人的短，以此警醒，为求自理自立自强之道。

是故，调侃四句如下：

谨写身边囧事，只因于国太爱。
祈愿天下同仁，忧思笑语同怀。

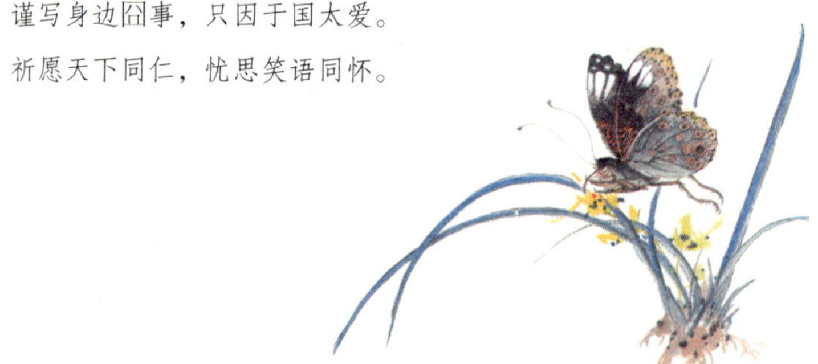

第一篇

中国十八怪

都说渊远流长，关起门来称大王

中国天下靓仔，最囧有十八怪。
诸君请自对照，不是我等轻率。
一曰闭门称王，好大喜功头彩。
二推老子第一，只是都在古代。
三好崇洋媚外，家花不如海菜。
四喊引进人才，入门就用脚踹。
五重做人之道，关系产生钱财。
六要打出头鸟，拔尖必遭淘汰。
七长小肚鸡肠，内斗内行厉害。
八随人云亦云，主意太多早衰。
九最易于满足，吃饱喝足美哉！
十爱占小便宜，免费最受青睐。
十一巧于仿造，美其名曰山寨。
十二追求风尚，洋名肯定好卖。
十三讲究面子，伪劣变身贴牌。
十四不讲信誉，商品出门耍赖。
十五重男轻女，没钱也要生崽。
十六敬神怕鬼，惧四爱八崇拜。
十七随地吐痰，垃圾扔在户外。
十八漠视规矩，红灯横行乱来。

老子天下第一

“老子天下第一”，这一句气壮如牛的大话，表面上看起来是妄自尊大的体现，其实也是真正的事实。唐朝时候，李氏王朝要寻根问祖，就隆重推出“老子”（李耳，约公元前571—前471，字伯阳，又称老聃，楚国苦县厉乡曲仁里人，是我国古代最伟大的哲学家，被道教尊为教祖。其《道德经》八十一章，是朴素辩证法的最早经典）。因此，“老子天下第一”是大有来头的“圣旨御批”。

不幸的是，后代中国人从此发展出一种“老子天下第一”的情结。有一批“夜郎国人”，每当现代世界有什么创造发明，总要从古代经典中搜罗出中国古已有之的证据，证明西方曾经远在中国之后，否则不肯安心睡觉。

据说韩国人也有此爱好，他们把中国古代的所有创造都说成是自己的，开始还谦虚地说深受儒家思想影响，以后，觉得抬举了中国，贬低了自己，于是干脆改口说：儒学是韩国的，孔子是韩国人，端午是韩国节，屈原是首尔人。看来，中国的这种“八卦”习惯，也是源出韩国。

本来“老子第一情结”也不是什么坏事。回顾大学时代，谁不曾“热血青年”过？当年中国女排取得世界冠军，哪个学校不是举校欢庆？聂卫平一夫当关日本莫开，谁不想追随棋圣，扬名东亚？更值得一书的是中国一个小小的乒乓球，转动了世界，联络了中美，最后竟然打得世界没了脾气，只得将中国的退役国手们高薪聘请到自己国家，直接“山寨”中国，竟然让世界乒乓球运动，成了中国师徒之间的内部游戏。

随着年龄见长，体育第一越来越多，慢慢地有些想不通的是，为什么在科技、教育这些与民生、国运更加密切的相关领域，中国第一寥寥无几？更难以理解的是，中国相继办了几个令世界眼睛发直的亚运会、奥运会、博览会，为建超一流的场台楼馆，一掷亿金，但是科教文卫事业却长年欠债？兵法认为，孤军深入不可取，那么“体育第一”一枝独秀呢？

有诗为证：

老子天下第一，夜郎自大何必？
自我安慰搞笑，妄自尊大无益。
果然想要追赶，不如好好学习。
今天顾了面子，明日挨打哭泣。

崇洋媚外成时尚，东方不如西方亮

中国人的处世传统是中庸之道，但实际上往往又是跷跷板，不是窜到左端就是跳到右端，如党史中不知有多少次“左倾的盲动主义或右倾的机会主义”？

鸦片战争之前，中国皇帝自以为老子天下第一，自我感觉十分良好，其中感觉特别好的是乾隆皇帝在位的六十年。

乾隆五十八年，英王特使马戛尔尼到了北京，乾隆皇帝要在承德接见他，但要求他必须双腿跪着，否则不见。为此，双方较劲了许久。最后面见的时候，乾隆皇帝很有些夜郎自大地说：“我天朝物产丰盈，什么都有，不需要与你们外夷做生意。”

后来大清皇帝先是被洋人的鸦片熏得奄奄一息，接着又被八国联军打得倾巢逃难。精明老到的慈禧太后幡然醒悟，知道这义和团人肉长的拳脚还是不敌洋人的钢铁枪炮，于是开始敬畏起洋人来。也许从此开始，国人便跳到另一端，开始对洋人顶礼膜拜起来。

从此，国门洞开，洋盛土衰，西风东渐，老外不败。

考究起来，中国的崇洋媚外堪称历史悠久，“邯郸学步”就是“崇洋媚外”发明者。

据古书记载：古代赵国人走路好看，引起一个燕国人慕名前往。不幸的是，这位燕国人学得不很到位，赵国步伐没学会，燕国走路也不记得了，就像今天很多中国人学英语一样——英语没有学会，倒把中文弄得结结巴巴的了。最后，这个燕国人只好爬着回国了（就像现在许多学英语的人变成Chinglish一样）。

记得少年时期，大人带我上街见世面。手指眼到之处，到处都是洋货：洋火、洋油、洋布、洋伞、洋铁、洋镜、洋车、洋船、洋房、洋行、洋场、洋人。忽见对面来了个金发碧眼的女人，上扭下摆很是夺目，大人正要教我看图识字，我举一反三，立即抢答：洋妞（扭）！

后来封锁了几十年，西洋风变了，改为西边偏北的洋风。历史老师异口同声很负责地向毛主席保证：最聪明的科学家是门捷列夫，最天才的音乐家是柴可夫斯基，最风流倜傥的诗人是普希金，最有创造性的画家是列宾，当然最最伟大的领袖是列宁！

不过，西北风劲吹为时不长，便戛然而止，“全世界”进入战无不胜的毛泽东时代……

再往后，突然开放。

我很惊讶的是，尽管“阶级斗争年年讲、月月讲、天天讲”，但崇洋秉性蛰伏了几十年竟一点儿也不示弱，还大有“野火烧不尽，春风吹又生”的势头。心中既惊叹毛泽东当年的英明预见，也为即使是毛泽东于此也无能为力而叹息。

先是日本电器风行，再就是美国大片泛滥，再后来就是穿的、用的、吃的、玩的，不问青红皂白，就是留守的国宝祖艺、传统时尚、祖传秘方，也争相以“洋”为荣。什么洋食、洋酒、洋烟；连中药、中餐、中饮，也争相进口洋化了。吃饭要吃日本料理，中药、茶叶要日本监造，连最后一点进口之物也不留给中国。

先“富”起来的权贵理所当然地先“洋”起来。富丽堂皇的哥特式建筑中的法兰西家具、奥地利水晶、意大利油画、南非的钻石，装点得先生客厅典雅富贵、太太卧室、小姐闺房更加秀色可餐。再往下就有些“下里巴人”了，从健美食品到婴儿奶粉，以至于肯德基家乡鸡、意大利比萨饼，还有一个出身可疑的加州牛肉面（据说是伪造）……所到之处，“食”不可挡；接下去就是应了老夫子一句名言：“食色，性也”，就像姚晨在赶集网做广告时说的“啥都有”！

在国内呆腻了，有钱的美女们争相去法国美容，没钱的靓女们也就挤着到韩国整容。

最后爱屋及乌，沾了点洋味的港澳台也比国内的贴牌品强得多。

还有更下道的，就是中国特产——假洋鬼子：达芬奇家具、健伍牌音响之流。

形而下尚且如此，形而上就更是唯西洋是听。

就说教育吧，中国父辈们节衣缩食，培养出了一批批大学生，一毕业就去西方支援资本主义建设事业了，对社会主义大厦连正眼都不瞧一下。中国算是“赔了夫人又折兵”。

偏好崇洋媚外

家花不如海菜

西太平洋博士

牛皮学者

哈富教授

天不平

国内人才

开门引进人才

进门就用脚踹

最能领导潮流的自然是权贵的公子哥儿、纨绔子弟，即使国内大学考不上，但一出国，在纽约、伦敦混几年，弄来个洋文凭招摇过市，反倒比那帮在国内挑灯苦读的书呆子更“牛”。

只可恨十恶不赦的钱锺书、方舟子之流，将西方的天机捅了出来。不久前，蒙倒了天下人的著名的唐骏先生“被毕业”于“西太平洋大学”的新闻出来，国人才知道，原来西方天堂也有卖假文凭的，并且还很便宜。

教育部倒是很高兴，因为借此机会将“行政化”推进到国外，竟然能对金光闪闪的洋文凭进行“认证”。

假洋鬼子回来，自然占据要津。为提升自己地位，必然要大长洋人之志气，大灭中国之威风。他们隐瞒了比尔·盖茨、巴菲特们艰苦的实践创业之路，制造了“外国文凭至上”、“名校至上”、“文章至上”、“权威至上”等虚假信息。

国内不知底细，赶快跟风。据说，北大、清华非外国名校文凭者不要，中国学界没有在外国权威刊物发表文章的不认。连继续跟着导师做研究的博士后也升级，成了比博士更高的“学位”，相应待遇也上浮。诺贝尔奖更是成为中国学者奋斗的最高目标，直到最近诺奖奖了中国的持不同政见者，政府才有些“哑巴吃黄连——有苦说不出”。

久而久之，潜意识中也约定俗成，黑头发不如黄头发，黄皮肤不如白皮肤。中国男人梦中千年不变的大众情人西施、貂蝉，变成了据说因为怀孕有些臃肿的蒙娜丽莎；让人想入非非的黛玉式樱桃小嘴，都变成了克林顿喜欢的莱温斯基式性感大口。

从前闭关锁国那会儿，出国是极为荣幸的待遇。带着满箱方便面，省吃俭用，积下几个宝贵的美元，换回来大件、小件，一度是很荣光的事。不过那时国内是“短缺经济”，也还有一说。近些年，国外连马桶都是“中国造”了，国内商店却还打出“出口转内销”招徕生意，大概是不可救药了。

自己跪着低三下四，抬举得洋人趾高气扬。外国人来华，本应给予平等国民待遇，但中国人发明了“超国民待遇”，对中国人苛捐杂税，对外国人减税让利。一些洋二流子印张不真不假的名片，号称XYZ公司CEO，考察投资环境，国内地方无不盛情款待。山清水秀，小姐热情，公款招待，唯恐不周。弄得一般洋人不知自己姓甚名谁。

近来，一本《中国不高兴》引起一场关于民族主义的讨论。一些精英痛斥《中国不高兴》是极左民族主义，《中国不高兴》的编者则反攻精英是崇洋媚外的卖国贼，精英则回敬他们是爱国贼。骂的都是贼，一时舌剑唇枪，热闹得很。

我谈不上高兴不高兴，但旁观近一二十年来中国思想文化界的左右斗嘴现象，倒是觉得很有趣味。

目前，学术界的唯洋主义确实到了登峰造极的地步，不读中国人的书是相当一批海归的治学原则。中国的一流大学，如北大清华引进人才的标准是“非国外名牌不要”。几个留学生回来，就可自称“中国问题研究峰会”，立即“指点江山，激扬文字”。虽然久居国外对国内一知半解，海归后又偏偏喜欢谈中国问题，还特别好为人师，大有“吞吐云雾，改写历史”之势。

于是，出现了一种怪现象：例如，在经济改革中，明明是中国人自己通过实践，吸取外来合理的知识，推进中国改革与发展，取得一点成就，但是，海归们却断定：“中国没有经济学家”，中国改革得靠留学资本主义。

究竟谁是谁非？在崇洋媚外者看来，中国经济改革的成绩是在美国意识指导下成功的，因此，中国的现行经济体制是“国家资本主义”。但美国直接指挥苏联的“休克疗法”不知道为什么没有产生同样的结果，反而是将苏联搞得分崩离析？当年，戈尔巴乔夫以为美国就是反对你搞社会主义，只要你听了他们的话搞资本主义，美国就会把你当做自家人。可是，戈尔巴乔夫、叶利钦先是搞垮华约，等美国与他们亲于一家，没有反应；看看不成，索性再搞垮苏联；美国人还是不给援助。叶利钦没法子，就对普京撂挑子：“好好照看俄罗斯吧”。

被逼到墙角的普京，兴许读了《孙子兵法》，于是“绝处逢生”，与老美对着干，以民族利益为根本，结果，美国反而对他肃然起敬。

中国人对苏联的遭遇有点幸灾乐祸，继续崇拜美国是当代唯一的金元帝国。省吃俭用的中国人辛辛苦苦地制造了大量物美价廉的产品，送到美国，而美国人就靠精美的“印钞高技术”拿来享用。还不起债了，就指责中国操纵汇率、人民币币值太低，要求中国给他掏钱托市。什么时候才不高？估计按奥巴马的说法，能让美国不还或少还钱的汇率，就是最适合的汇率。

最阴损的是格林斯潘那老家伙，凭借虚拟经济，只要靠印钞票就让中国人毕恭毕敬节衣缩食地大干快上，好让美国人驾着军舰在中国内海军演，坐着游艇到全世界旅游休闲。中国人担心美国的信誉，格林斯潘拍着胸脯保证：美国永远不会违约，因为美国可以无限地印美元。

有胆大的中国人怀疑买美国国债是“肉包子打狗”，经济学家立即训斥国人没有学问，说是美元拿在手里直到海枯石烂也不会贬值，管他黄金从100美元涨到2000美元也没有啥事——因为外汇局拍着胸脯保证：我不去兑换，就没啥事！再说，不买美国国债，能买什么？中国老百姓好养得很，不住房、不看病、不读书，一句话，不消费，要钱干什么？！更何况外储又不是老百姓的血汗钱！

金融大鳄索罗斯先生玩转了世界，搞得世界金融危机了，又来玩中国，直截了当地要求“中国承担复兴世界的责任”。

我一直疑心中国人因为落后太久，很多人便失去了自主意识。其实，到了外国才知道，外国人与中国人都是人，并非只有外国人鼻子长，中国人鼻子短。中国人也有长的，比如“长舌头”。

《中国不高兴》也许确实有些“左”，但就他表现的对精英们的愤怒难道就不值得精英们反思？

中国不需要狭隘民族主义，但爱国主义，在人类没有大同之前，肯定还是需要的。

故有诗曰：

中国停滞不前，本应恐后争先。
因此出国看看，不料有些走偏。
满眼五光十色，脑子有些进盐。
猛然抬头一看，寻思月亮更圆。
从此胸有成见，邯郸学步走偏。
一见汉堡夹肉，大骂饺子不圆。
学了几句洋文，便咒中文肤浅。
国外低三下四，回国尾巴上天。
熊猫不如老雕，家花不比海草。
捡回一根海带，以为就是国宝。
宝贝珍贵显要，俸禄先必确保。

问他干了什么？我有证书几条。
有方舟子较真，质疑证书可靠？
海龟跳起三丈，大骂国人菜鸟！

外来的和尚会念经

佛教起源于印度，在汉朝就已经传入中国。因为中国的和尚念经念得不如外来的和尚，所以，唐朝时候，玄奘法师就历尽千辛万苦，西行印度去取真经。不幸的是，也许是《西游记》太流行了，所以，“外来的和尚会念经”也成为中国最流行的格言。

今天，这句格言与时俱进了。原来说“外来的和尚会念经”，意思是本地一些人总认为外来的东西就是比自己的好。现在，人们特别强调这个前提，就是你必须总是在门外，千万不要进门来。

因为，在门外你尽可目中无人、高谈阔论，就是含沙射影、指桑骂槐，人家还买门票听你胡批乱侃；一旦听信招聘会上的甜言蜜语，应聘进了门，变了一家人，你说话就打折了。因为在门外时你是人才，但是进了门同化了，都是“卵仔”，就不稀罕了。你如果硬要坚持你还是人才，还要享受“国务院特殊人才”待遇，那就很危险，有可能触犯众怒，被“关门打狗”，而且是最倒霉的那种“落水狗”。

最后的结局是，在人多势众的“自家人”强烈要求下，优待外来人才政策被精确解释为只对尚在外游学的外人，不包括进了门的。

这就好比年轻人谈恋爱：谈的时候，你是格格、公主；进了门，特别是上了床，破了身，你就变成了家奴、公仆（媳妇通常是婆家的公仆）。

故有诗曰：

名曰博士教授，盛名如雷在外。
不幸入了庙宇，关门就成奴才。
心里不服上诉，领导巧言妙解：
秃头都是和尚，大家都要忍耐。
不能享受特殊，共产主义关怀。
听我言之有理，忍受大锅饭菜。
如此熬上十年，总有位置安排。
如果急于求成，抱歉莫能助爱。

做人大学问，关系最要紧

在美国俄亥俄州，我应邀参加一个外国人“关于如何与中国人打交道”的讲演会。主讲者是个中国通，他开诚布公的第一句话就是“在中国做事第一要诀就是‘关系’”。我不由得佩服起美国人的实事求是的精神了。

讲关系、讲面子在中国是第一需要。“关系重于制度，人情最为要紧”。公事公办办不成，私事公办蔚然成风。现在请客送礼不一定能办成事，但不请客送礼绝对办不成事。所以，精兵简政对谁都行，就是公关万万不能减。从小学给学校送礼、给老师送礼，到单位给领导送礼，无往不“送”；最抢眼的是著名的广告词：“今年大妈不收礼”，但

“收礼只收脑白金”。

讲究关系的老祖宗是中国第一圣人孔子，孔子思想的核心是“仁”，要求“仁者爱人”，这样才能构建和谐人际关系，从“人”而达“事”，说句痛快话就是，所谓“人事”，就是说：有了人缘，就能成事。

不管你高尚还是庸俗，讲究做人之道，讲关系、面子，代代相传，已集成一门大学问。成功者多是会做人的，会做事的搞不过会做人的。所以，孔子归结了几条“关系学”基本原则是：“知人”、“慎言”、“远怨”。在实践中发扬光大演绎为脍炙人口的“厚黑学”：

有诗曰：

练达人情人精，从此路路畅通。
只要懂得礼节，保管直上青云。
制度都是虚设，关系才是原则。
大家都要潜行，包你官运亨通。
如果遇到矛盾，千万不要硬拼。
先敬好酒三杯，再唱颂歌跟进。
如果有钱消灾，朋友必然感动。
做人其实不难，在于心知肚明。

出头给你一枪

不听话

骄傲

主意多

决定

出头鸟

芸芸众鸟梦香

送礼送得勤

保你有提升

老实被人踩，混混吃得开

“老实”是无用的别名，现在已经流行为一个多少有些贬义的词了，如果别人说你是“老实人”，那多半是讲你没有用，甚至是愚蠢。追究起来，这也是有典故的。

春秋时期，宋国的宋襄公，想要当霸主，他打出的旗号是“仁义”，他曾派兵去打郑国，郑国的盟国楚国就出兵援助。于是，宋国与楚国交战。交战开始时，楚军正在渡河，宋襄公的手下建议，趁楚军渡河时迎头痛击。可是我们的“仁者”宋襄公“爱人”，拒绝了。他的理由是：楚军还在渡河，你就攻击，不仁义。后来，等楚军全部渡河上岸后，正在乱哄哄地排队列阵时，宋襄公的臣下又建议，这是个机会，赶快进攻。宋襄公还是于心不忍，说：“人家队伍都没有排好，你就趁乱攻打，不仁义。”

一直等到楚军做好充分的准备，一鼓作气地向宋军发起攻击，早已精疲力衰的宋国仁义之师，立即被打得丢盔卸甲，宋襄公也受了伤。“仁者”宋襄公很是想不通，为什么“仁义之师”失败了，不久便郁郁而终。

有了宋襄公的教训，现代人就发展出一条新规则，叫“当仁不让”，直白点说，就是不当宋襄公那样的老实人，只要有利可图，就要不择手段，要趁火打劫，要造谣生事。于是乎，一些不受仁义约束的“混混”、“烂仔”便应运而生。

“混混”也是有身份等级的。低级的“混混”是“滥竽充数”的南郭先生。南郭先生没有才干，混在人群中“混饭吃”，这是比较老实的“混混”。只要混饭吃，并不咬人。

中级的“混混”是咬人的“混混”。他不仅要混自己的生存权利，还要“好运长久”；因此，他必然十分排斥有冲击自己地位之嫌的新人，他凭借权利、金钱、出身等条件，占据各种有利地位，关起门来称大王，拒绝新陈代谢，绝对不给新生事物脱颖而出的机会。

最可怕的是那些打着“仁义道德”旗帜的高级“混混”，占据着各种要职的“混混”。越是落后的地方，这种混混越多，越厉害。

随便留意一下周围，你便可发现一批不学无术、开口脏话、打架斗

小儿不生，折腾不停。招弟成功，全家光荣

看你斗得凶，老狐在后门

内斗很精美，外患即阳痿

随风摇摆真正好，

独立思考惹烦恼

殴的烂仔。每一个地方都有当地的混混，人称“地头蛇”。他们画地为牢，在其势力范围靠流氓手段，打砸抢杀，为恶一方。这些人对于外来可能威胁自己地位的因素极为敏感，千方百计要将其扼杀在摇篮之中。然而，自己没有才干，又要打击人才，那就只有走旁门左道了。

混混都是中山狼，得志当然很猖狂。敢贪污、敢受贿、敢嫖娼、敢作弊，出口脏话淋漓，动辄打架斗殴，不择手段，拨弄是非，混淆黑白，陷害忠良。而那些循规蹈矩说实话、做实事的老实人，不善于欺上瞒下，也不会弄虚作假，在一般人看来，往往被视为“书呆子”、“二百五”。在制度不健全的情况下，他们很容易遭到伤害，被匿名信告倒、被“革命群众”评倒、被党委会议倒。这已经形成一个不言而喻的用人观念：会干实事的就去干具体事务，不干事、专门整人的反而可以提拔使用当书记！

长此以往，讲德行修养的被当作书呆子，搞歪门邪道的成了懂实践的称职干部。结果是坏人很风光，好人泪汪汪。

不比不知道，出国访学，到美国旧金山斯坦福大学和硅谷，感觉一番，你立即会发现中美文化的差别。美国人十分强调独立自主，张扬个性，至于优劣强弱，必须通过不断的竞争来比试，出身、地位、金钱，都不能左右。不论是白人、黑人、亚裔、非裔，比赛面前人人平等。而一旦谁强谁弱得到确认，社会将提供合适的位置，使他发挥用武之地。多数人承认自己不聪明，并且也愿意老老实实地跟着少数聪明人走。在这种文化推动下，人才辈出并且各得其所，社会因此得到进步，大多数人的利益也得到保护。细细思量，真聪明也。

然而在中国，人人都认为自己很聪明，别人太愚蠢；因此，谁也不服谁。更可气的是，本来是弱智级的混混，往往反过来凭借人多势众，投票说你是“书呆子”、“二百五”；在“人数决定真理”的“民主”面前，你还一点没脾气。

故有诗曰：

古人崇尚仁爱，为人首要清白。
今日践行不一，世界好难理解。
老实做人做事，本应赢得青睐。
只是标准变了，安分就是痴呆。
莫非人生变态，德行反被出卖。
不如混混一个，招摇过市气派。
穷根究底反思，复归反哺真知。
好人还得好报，混混总是可耻。

抬头不如埋头，埋头不如低头

中国自古推崇中庸之道，抑制了出类拔萃之辈。“枪打出头鸟”是中国的常见现象；锋芒毕露的人，往往不能见容于众人，反而会成为众矢之的。不像美国人各自忙于自己的事，不管他人私事。

在中国，嫉贤妒能几乎成为普遍现象，人们特别爱管他人的事，小心眼儿特别多。如果你入伙与他们打成一片，吃喝嫖赌、坑蒙拐骗，大家就都是兄弟姊妹；一旦你不肯同流合污，想要洁身自好，读点书，做点事，你就有脱离群众之嫌，就会倒大霉——没有成绩的时候还好，顶

人狗同乐

田头有酒醉，
床头有人睡。
如此好日子，
不想天仙配。

祖坟

只要有免费，
大家就“万岁”

同乐大锅汤，
功在不劳累

大锅汤

多骂你“书呆子”，讽刺你“二百五”。

要是不幸出人头地，你就遭了殃，大多数人都一致举手反对你，直到把你拉下来，与大家一样齐。这就是国人的“枪打出头鸟”现象，就在于大家都不愿意你高高在上、脱离群众，都习惯于一般齐的大锅饭。久而久之，“夹着尾巴低调做人”成为中国人的做人秘诀。

古往今来，凡有才能而不懂掩盖才华的人，往往会遭受更多的磨难和不幸。三国时期，曹植是才华横溢、名扬天下的才子，但锋芒毕露，处处遭到陷害，即使是爱才如渴的曹操也无法传位给他，最终接位的还是满肚子鬼主意的兄长曹丕。

文韬武略了得的曾国藩很明白这个道理，他一生功成名就，却没有遭至杀身之祸，就在于他深知“木秀于林，风必摧之”，始终夹着尾巴做人。他反复嘱咐家人，凡事不可张扬，行事必须慎重，在其家门外连相府、侯府那样惹人注目的匾额也不让挂，为的就是避免招人耳目。

更令人哭笑不得的是，“枪打出头鸟”还被发展成为一种打击敌人的手段。三国时期，孙权就玩过。

在三国时期，没有几手软硬功夫，肯定是混不下去的。曹操、孙权都是精于政坛关系的好手。孙权打不过曹操，就想了一个阴毒的主意，鼓动曹操做皇帝。曹操是多么精的人啊，他一眼就看穿孙权这小子的鬼主意，是要让他当“出头鸟”，以便唤起天下人，群起而攻之。所以曹操笑道：孙权这小子，是想把我放在火炉上烤，我曹某人决不上这个当，所以一辈子没有做皇帝。

由于有了这样的优秀传统，所以，今天凡是精于为官者，必定乐于吃喝玩乐，享受人生，能四处圆通，广交朋友。其结果上级喜欢，平级友爱，下级拥护，而自己反而青云直上。

其实，这一点也并非中国特有，世界各地人情皆如此。马克·吐温的《竞选州长》就深刻地描绘了选举政治中想要出人头地的竞选者，因为你要竞选，对手就要不择手段地将你搞臭、搞倒。在最关键的时刻，让十几个五颜六色的小孩，在大庭广众中追着你的屁股叫你“爸爸”。流言蜚语，“桃色新闻”铺天盖地，汹涌澎湃。直到你乖乖举手投降，落荒而逃。这一手，任你是“柳下惠”或是圣雄“甘地”都无计可解，因为等到你绞尽脑汁，辩解清楚，黄花菜都凉了。最近，国际货币基金组织前总裁卡恩就中了招，被一个女招待色诱，结果“当啷”被捕，总裁当不成了，想竞选法国总统更没门了。

有诗曰：

凡事都要忍耐，走路不能太快。
你若前面快走，必定遇到障碍。
因为你想出头，难免引起嫉妒。
本来孤家寡人，容易被人围堵。
不要以为有才，就可任意潇洒。
当知背后有鬼，暗中就在使坏。
经过坎坷命运，懂得适应环境。
耐烦排队等候，临终总有使用。

假作真来真亦假，都要退货傻不傻

说假话易，说真话难

什么叫“成孰”，成熟就是学会“说假话”，凡是大人物都知道“不说假话，办不成大事。”

小孩要说真话，不要撒谎。但随着年龄增长，思想成熟，他就慢慢明白：好人难做，真话难言。

现在凡遇女性，都要称“美女”，凡见先生，必尊“领导”。大家习惯成自然，倒是叫丑女的成了精品，难得一见，出口到外国，还颇受欢迎。所以，玩电影的借“丑女无敌”，赚满了银钵；而丑女上网，比美女更能卖座，更有广告效应；君不见“芙蓉姐姐、凤姐”风行一时，很是抢眼？

凡是性格直爽，不懂收敛掩盖的人，往往会遭受到更多的磨难和不幸。三国时，有个叫杨修的才思敏捷，聪明过人，曹操心里那点鬼主意，他一看就明白，还要说出来，这就引起曹操不高兴，找借口将他杀了。明代海瑞也是一样，刚直不阿，清正廉洁，一身正气，愤世疾俗，连皇帝都敢骂，结果一生艰难坎坷，四处遭受排挤，最终还被罢了官。现代海瑞彭德怀也是一样命运，书生吴晗不懂得这个道理，写了《海瑞罢官》，也倒了大霉。

不要以为只有上级长辈面前不能说真话，平级平辈爱哄，现在的处世之道已经发展到上级对下级、长辈对晚辈也要说好听的，也就是说群众也要哄。为什么，因为“群众是真正的英雄，而我们自己则往往是幼稚可笑的”。

现在大多数单位，都是领导多于群众，几个领导领导一个群众，司空见惯；物以稀为贵，结果领导就得巴结群众。否则，群众不高兴，不投你的票，你就是领导也领导不了。

那些贪官深谙此道，因为怕坏事露馅，特别要讨好群众，不敢坚持原则，他们特别善于封官许愿、赏物分钱。官不够，“员”来助，于是巡视员、调研员、助理员、协调员、观察员、评论员、记录员、辅导员……满天飞。反正是羊毛出在羊身上，有诗为证：

大家有份，心知肚明；
集体作证，假话成真；
人人有利，皆大欢喜；
个个投票，真假颠倒。

又有：

好话不要钱，人人都不嫌。
明明知是假，心里比蜜甜。
忽见脸难看，原来闻真言！
赶紧赔不是，否则难过年。

做坏人易，做好人难

市场经济公开鼓吹“朝钱看”，因此人心不古，有钱重于泰山，无钱则很恐慌。贪官很懂得这一套，自己贪大头，留点散碎银子打发上下左右，捐个“优秀党员”、“五好标兵”，名利双收，有诗为证：

心诚拜财神，嘴甜得人心。
为官当有术，厚黑天下行。
好话不费神，坏话藏内心。
做人有诀窍，唯上得提升。

你想想，哪里不是会搞钱的贪官受欢迎，不搞钱的清官谁都不喜欢?

这也是有传统的。汉武帝时，有个御史大夫公孙弘，以廉洁自律，生活俭朴著称。你说廉洁俭朴有什么错。然而，他就是错了。他的廉洁行为使同事们很不爽，犯了众怒。因此，有人在皇上耳边挑拨，说他沽名钓誉，弄得满朝文武对他白眼。公孙弘闭门思过，幡然悔悟，决心改“正”就“错”，弃明投暗，不当清官，改当贪官，与同僚们同流合污，果然，大受欢迎。

俗话说“人为财死，鸟为食亡”。“风萧萧兮易水寒”，荆轲受雇刺秦王。慷慨就义的荆轲够讲义气的了，可是追根究底也逃不过利的诱惑。——燕太子丹礼贤下士，请来荆轲，好吃好喝地养得他白胖白胖的，目的就是要他去刺杀秦王。而荆轲也甘心情愿为“知己者死”。说到底，还是“端谁的碗，服谁的管”。一个愿打，一个愿挨。

贪官往往深得为人之道：虚情假意，能说会道。他们见人假笑热乎一番，拍肩摸臂裂牙翘臀。有人请帮事，给钱就办。每逢节日，下有打点，上有进贡，两面讨好。手里有了钱，常常聚集朋党，酗酒寻欢。于是，领导欣赏，朋党义气，群众不知底细，往往被虚情假意、眼前实惠迷惑，与那受贿行奸的贪官很是投缘，对那讲原则的清官反生怨言。久而久之，蔚然成风，积重难返，好人难立足，坏人吃得开。

更令人心酸的是在奸狡诡谲的政坛中，做好人往往招致杀身之祸，而坏人则可安享天年。千古流芳的画家顾闳中的《韩熙载夜宴图》就是永垂不朽的证明。

南唐时期，李后主李煜对宰相韩熙载有所猜忌，深知皇上德性的韩熙载就故意找了几个三陪女，纵情享乐，以此表明，自己是安于享受的，没有野心。这李煜本是个很高雅的主，一见这种场合，就放心了。可见做坏人坏事还可以避祸，成了一种保护自己的护身符。

长此以往，做好人不仅难，而且吃亏。做坏人不仅容易，而且大有好处。

难怪今天台湾人将男女恋爱游戏中的“为女方付出很多却又被女方拒绝交往的人”称为“好人”，事实上也就是做了好事却没有好报的人。

劣币驱赶良币，庸才逼走人才

美国搞实用主义，用人要用人才，中国搞面子工程，所以喜欢用奴才，因为奴才听话。

但凡人才，有能力、有个性、有主张，但结果往往不妙。

古人说：“女子无才便是德”，对男子没说，但很多实例证明“男子有才便是祸”。

有能力很可怕，因为对领导会造成威胁。潜台词就是，“你比我还行，用了你，我怎么办？”

有个性特点，也不行。打破了平衡，不稳定，不利于和谐。

因此，在中国，庸人碌碌无为，一杯茶，一支烟，一张报纸看半天，但年年有进步，稳步往上升。倒是人才处处得罪人。这一风气，可说是源于传统，而且源远流长。

有主张更是洪水猛兽。君不见孔子老先生，四处兜售其儒家学说，结果也只能惶惶然如丧家之犬，无人问津。孔子可是千古一人的大哲学家了，可是，在他的时代，谁也不喜欢他。屈原也应该是大才子了吧，“举世皆浊惟我独清，众人皆醉惟我独醒”。不料楚王“不料”他，他也就走投无路，只有投江。

有诗曰：

古往今来人才，备受磨难悲哀。
一生奔波探索，终究没有舞台。
年轻被指气盛，年老又嫌体衰。
虽有苦心不渝，可惜伯乐不在。
即使真有伯乐，伯乐也要舞台。
领导没有发话，照样无人理睬！

奋进者备遭嫉恨，庸碌者备受欢迎

美国人主张自我奋斗，自由竞争。但中国自古以来，讲究不偏不倚，中庸之道。其实，孔子说“过犹不及”是指不左不右的正确路线，而不是庸庸碌碌的不思进取、无所作为。但后人理解走偏了，中庸之道变成了不思进取，甘居落后的代名词；这也不是理解错误，而是实践要求如此理解，所以将错就错，“中庸之道”也就成了“中用之道”。

既然如此，不甘寂寞、不断追求的进取者就成了不安分守己、想要出人头地的“出风头人物”，往往招致嫉妒、忌恨，被群起而攻之；而庸庸碌碌，无所作为，不思进取者反而“和气生财”，广受欢迎，青云直上。

开拓进取的奋进者无非就是想要做事，可是事情做得越多，犯错误的可能性也就越多，挑毛病的人也越有闲话可说；倒是庸庸碌碌不做事的没有什么可说，顶多说不做事一个缺点而已。这时候，拿只有一个缺点的人与有很多缺点的人相比较，肯定是前者优于后者。

凡开辟时代的先进人物，开始很难被人理解，就是因为他们为了理想，坚持真理，勇往直前。可是，真理往往掌握在少数人手中。因此，开拓进取的人，往往得罪人。倒是无原则、丧失原则、甚至破坏原则的人往往能够以小恩小惠笼络人，得到讲实惠的群众的拥护。

有诗为证：

生就愚氓凡胎，秉性就是痴呆。
纵有千载良机，行云流水不睬。
宁愿叹息命苦，不思前途悔改。
纵有机遇降临，破罐破扔破摔。
腐朽势力得意，可怜愚氓拥戴。
丢了发展良机，他还嘴巴笑歪。
日后知道真情，机会已经不再。
天下有此愚氓，你说好不奇怪！

第二篇

北京十八怪

（一）

北京中国首都，全国人民最爱。
在此略加幽默，京官不要错怪。
初进城门观光，鸟巢金蛋光彩。
再看大裤衩子，还未穿就烧坏。
三望头顶脚下，高铁上下摇摆。
四急交通堵塞，走路反比车快。
五要寻人气死，城里问到郊外。
六烦风沙扑面，张嘴气急败坏。
七愁柳絮飞天，落地厚如棉胎。
八学穿衣戴帽，头巾当作口戴。
九奇屋里屋外，冷暖两个世界。
十怕立交迷宫，司机晕头乱拐。
十一水贵如油，求雨就像求爱。
十二衙门太深，办事办得痴呆。
十三全面开放，满目外国靓仔。
十四司机能侃，开口中央特派。
十五汽车如流，都是世界名牌。
十六楼市好卖，问价目瞪口呆。
十七慕名格格，原来就是老太。
十八京城王爷，细看打工满仔。

（二）

北京也有十八怪，诸位客官听明白。
如果说错别见外，请予指正我更改。
金蛋鸟巢裤衩开，立交迷宫路难猜。
屋里屋外两世界，楼价要比春笋快。
风沙扑面步难迈，头巾围脖口上戴。
嘴干舌焦太阳晒，雨贵如油不下来。
城里上班住郊外，火车天上飞过来。
各国汽车拼名牌，司机讲话像特派。
格格见面变老太，王爷原来打工仔。
走路要比开车快，满街都是外国仔。

中国第一堵

只有到了北京才知道什么叫“堵”，说北京市是中国第一堵的“首堵”绝没有半点夸大。尽管如此，伴随着“我爱北京天安门”的歌声，北京人还在每日每时地增加，汽车随之也在增加，无论路修得多快、多宽、多长，北京还是堵得慌。而且进京的人流一点也没有受“人口红利”的中止而停止，在北京动辄集中全国资源建设的趋势下，只要13或14亿人民没有都变成北京人之前，这“人流”还将是像水一样，向北京流。

多少人绞尽脑汁，想要治理北京的堵，修路、修立交桥、拓宽街道，止不住人流勇往直前地涌进；城市立体化，地铁、快轨、高架桥、高铁吸引了更多的车流；汽车分单双号行驶、尾号限行等逆改革措施无济于事。事实证明只有一个遭人唾骂的计划经济手段或“军事管制手段”可以保卫北京，虽上不了“宜居城市”，但至少还不上“不宜居城市”黑名单：那就是严格限制北京户口，或禁止50%汽车行驶——在奥运会时期，基本上也就是这样做了；还有依靠天老爷干预，如“非典时期”，那时候，谁也不敢上街，因为是要命的事。

首堵依然如故，北京的主政者实在是没有办法了，只好在公务员考试中，昭示天下，以北京治堵作为题目，大概是想要在普选中找到一位有能耐治堵的“才子”；这倒是叫人想起了一段京城才子佳人的风流韵事。

林徽因与徐志摩演出的“人间四月天”也不知是对是错，徐志摩风流倜傥，林徽因才貌双全，是俗人眼中一对“金童玉女”；偏偏又夹了一个大名鼎鼎的改良派领袖梁启超的公子梁思成。后面还有更令人叹

奥运出招百鸟归巢

中国第一堵
六环
快轨
单行
高铁
限行
公交
禁行
立交
直达
动车
轻轨
出京

为观止的是，绝对理性的金岳霖大师也对林妹妹情有独钟，一厢情愿，至死不渝。要叫俗人们来派对绝对是“此题无解”。但林妹妹毕竟是才女，不与俗人一般见识，早就看出徐志摩虽然火一般的热情，但来得快去得也快，靠不住。金大师逻辑性强，但这过日子还是要靠感觉，否则虽有意义深远，但没有快感，那还是不像话。因此，林妹妹终于将绣球扔到了梁思成先生手中，虽然梁思成名声不如徐志摩，专业地位大约也不如金岳霖。

今天的事实证明，“林妹妹”比我们的很多“伟大领导”还有远见卓识，如果当初俗人都如林妹妹一样有眼光的话，北京城就不会是“首堵”了。

梁思成先生一生精于建筑艺术，关于北京城的建设早有良策，据说是保护旧城，在边上另建新城。这样文明古都可以保存，政治中心也并行不悖。可惜这样利国利民的远见卓识当时得不到响应，在大干快上的“超英赶美”时代，在红太阳居住的地方，恨不得囊括“世界第一高、第一大、第一长、第一快、第一美……”，结果是人算不如天算，这就有了今天后悔莫及、无计可施、束手无策的“中国第一堵”的“首堵”景观了。

民间流行着一首歌《北京堵车之歌》，因残缺不全，干脆就其意补充完全：

妈妈，你要去哪？你让我好牵挂。
路上的车越来越多，我担心你路走岔。
别看北京城市大，道路四通八达。
可无时无刻不堵车，满街人乱如麻。

城市越来越发达，却没有地方玩耍。
下无寸土上无片瓦，我只能在人群中溜溜达达。
再没见过搬家的蚂蚁，在花红叶绿中上上下下；
大门前树上的天牛，已成童年记忆中的图画。
城市越来越繁华，废气也在包围我家；
住不安，吃不下，我心里越来越害怕，越来越害怕……
这样下去怎么办，谁能给我一个回答？

中国人干这种蠢事太多了，又何止北京？批了一个马寅初，多生了几亿人，大跃进，洋跃进，最近的高铁又接踵而上，什么时候才能聪明一点呢？

有诗为证：

中国第一堵，
北京太挤图。
如果不相信，
请到北京游。

故宫没法走，
长城变人流。
地面不透气，
都上天安楼。

不到北京，不知官小

俗话说，财大气粗。美国有两个比尔，一个是前总统比尔·克林顿，一个是比尔·盖茨，但谁都知道比尔·盖茨，至于比尔·克林顿，如果不是染上莱温斯基的桃色事件，很多人不知道他是干什么的。要问美国最大的城市是哪里，谁都知道是世界金融中心纽约，美国总统居住的首都华盛顿恐怕连前三名都进不了。

可是这一切在中国都被颠倒过来了。在中国要问最大的城市，那么即使是三岁的小孩都知道是北京。不过，北京的大不在于城市大，而在于官大。

有句名言："不到北京不知官小。"说的是那些在自己地方做官当老爷惯了的什么"官长"之类，到了北京，才知道自己什么都算不上，街上的处长、司长，比比皆是。看见个提篮买菜的老头，说不定就是某某部长。

论人口与经济总量，上海大过北京；但论管辖的面积，论政治、经济和文化资源优势，上海不是北京的对手。上海终于不比"官"大了，一心一意当经济金融和航运中心，但北京还是以官大带动得什么都大，什么"中心"都想当。北京城被称为"全国的政治中心、文化中心"。围绕政治中心，中国最好的医院、大学、体育馆、交通枢纽、国企总部、金融机构总部等高度集中。

追究起来，北京的多"中心""冰冻三日非一日之寒"。自古以来以权力为中心分配资源的习惯源远流长。从西周井田制，国君居中，当然为大。郑国国公郑伯的老弟公叔段，就是因为在城高、道宽、车马配置上超过老兄，最后被追究谋反之罪的。可见不是好玩的。

漫天烟雨漫天尘，

出门最怕遇飞尘

屋里走到屋外

冷暖两个世界

于是，北京，就不得不“贪大求长、求全责备”，人多、车多、房价高，终于不堪重负，就有了今天的种种麻烦。

北京城，你在哪

中国城市化的规模确实是有史以来空前绝后的，用“波澜壮阔、气势磅礴”形容一点也不为过。北京的变化是最有说服力的代表。不要说建国六十多年北京的变化，就是近十几年，甚至迎接奥运会以来的近几年，说北京的变化翻天覆地，绝对不是夸张。

令人遗憾的是，也许这种变化太大了，大到令人惋惜的程度。经常想到要去看什么遗迹，兴致勃勃驱车前往，眼前突兀地平地而起一幢幢高楼大厦，吓了你一大跳，以为到了纽约或是巴黎。这时候，你一定会有几分感伤地叹息：“故迹已随黄鹤去，此地只有摩天楼。”

看到国家大剧院，那平地而起的“鸟蛋”，奥运会场馆那只巨大的“鸟窝”，还有令人遐想连篇的动画世界“水立方”，以及多少有些莫名其妙的中央电视台的那条“大裤衩”，说北京是世界建筑博览会一点也不假。

北京国际化了，可是北京你自己在哪？

京城处处御用坊
王爷格格派用场
只要大爷出手阔
皇帝老子陪你玩

北京人的大话

在中国各地生活过的人，一到北京，就会发现她的大气恢弘。北京的空间概念与其他地方相差太悬殊了，说是童话中的大人国与小人国的差别一点也不夸张。有一个段子很形象地刻画出北京人的特点。

北京的出租车司机与人聊天，说政治局决定如何如何……

深圳的出租车司机与人聊天，说今天股市升降多少多少…

海南的出租车司机与人聊天，说那个MM多么多么性感……

……

最后来到西边小城柳州，那里的出租车司机听到北京的出租车司机、深圳的出租车司机和海南的出租车司机与人聊天，忍无可忍地插嘴说：这帮卵仔尽讲大话，答你都困，讲（giang）点别的！

第三篇

中国人十八怪

一曰中国龙种，水利就是命脉。
二曰两河流域，从此产出华仔。
三曰黄土黄河，黄色原本御彩。
四曰好食五谷，为人甚是和蔼。
五曰天人合一，凡是都有诠解。
六曰不偏仙佛，儒释道家都拜。
七曰谋略第一，孔明故事最爱。
八曰血脉纯正，家谱绵延千载。
九曰集体为大，兼好个人崇拜。
十曰唯官本位，接班传宗接代。
十一长幼有序，听话才是好崽。
十二男尊女卑，三从四德依赖。
十三阴盛不服，最丑就是阳衰。
十四修身养性，随遇而安常在。
十五处世待物，克己对人厚爱。
十六最讲客气，好话不要钱买。
十七爱凑热闹，动辄人山人海。
十八功夫了得，武侠江湖崇拜。

龙生龙，凤生凤，老鼠生儿打地洞

中国古老的传统就是源于以龙为图腾的龙崇拜。皇帝是真龙，皇族都是龙子龙孙。张牙舞爪的龙上天下海，吞吐云雾，武功了得，自然是做统治者的材料，其余的非龙族就只有累死累活效忠天子的命了。

由于这种天生的优越性，所以，历代的统治者总是把自己打扮成龙的传人。自大清皇帝退位以来，多少野心家想要重登龙位，只把近代中国搅得“周天寒彻”。文化大革命时血统论盛行。天不怕地不怕的红卫兵当年手捧红宝书，高叫“龙生龙，凤生凤，老鼠生儿打地洞”，将地富反坏右五类分子，打翻在地，再踏上一只脚，叫他们永不翻身的时候，他们大概从没有想过：他们的血统论信仰因为违反生物科学，将是叫他们断子绝孙的选择。

血统论迷信源远流长，从第一个皇帝秦始皇就发誓要子子孙孙千秋万代永坐龙位。秦始皇号称祖龙，不过由于龙通常比人丑，所以，即使是龙的皇帝，在寻找三宫六院快活的时候，也要到民间搜寻美女。问题由此产生了，民女至少不是龙，那么，真龙天子秦始皇睡了非龙的美女，生的儿子从生物学说就应是非人非龙的杂种了。我想秦二世之所以短命，可能就因为出身可疑，是个杂种；倘若是绝对纯洁的龙种，那显然不是刘邦项羽之类王七王八的可以取而代之的。这样看来，要实行彻底的血统论，皇帝真龙就不应结婚，就不能繁衍后代。事实就是如此，清皇朝就是因为严格捍卫皇帝性伴侣的纯洁性而至无后而亡。

信仰危机与不信仰危机

现在做领导都担心：中国人好像有了信仰危机，过去信马列主义，现在好像不那么信了。

据我考证，所谓信仰危机不准确，因为，虽然不信马列，但是，信仰其他的越来越多了。

首先是信教，只要看看祖国山河庙烂漫就知道信神仙菩萨的有多少了。不仅普通老百姓，就是领导干部，信神仙菩萨的比比皆是。

还有拜物教，追崇8，因为要发；忌讳4，说是发音近于死，不吉利（实际上，4从简谱读，是真正的“发”，而8，谐音是“罢”，罢者，结束的意思，更近于“死”）。因此，坐车牌号要8，电话号码要8，酒店饭馆的包房带8，当然讲究得起的，除了老板，就是领导干部。

圣诞节在中国普及的程度已经到了令人瞠目结舌的地步，洋人得了崇洋媚外的福，西方的神也被中国人顶礼膜拜到不知道自己姓什么了！

不过，从以经济建设为中心的角度看，这对刺激消费，大有好处，消费者即使勒紧裤带，也不惜掏尽腰包。商家、广告商深知这一秘密，不惜一切代价，鼓吹“节假消费说”。管他什么红节、白节，只要能让消费者埋单的就是好节。因此，中国节，从神节、人节到鬼节，过完了就过洋节，情人节、感恩节、圣诞节，等等。有想象力的还发明了父亲节、母亲节、教师节，还有男人节、光棍节之类。大家都过得很热闹，看不出什么信仰危机。

情人节是近年来特别流行的节日，而且过上了瘾，除了洋人的情人节以外，领导们还十分体恤民心，推动将传说中的“七夕鹊桥相会”发展成了中国的情人节。懂中文的都知道，中国对正经夫人，不管是父母

佛
道
儒
复屁
三圣永载
穿越年代
现实问题

之命媒妁之言，还是自由恋爱或瞎猫撞上死老鼠，夫人、妻子、老婆，都坚持一面“红旗不倒”，其余的属于“彩旗飘飘”的：公开的、隐蔽的、长期的、临时的、一对一的、共有的、有感情结合的、按性福凑合的、依契约组合的、花金钱买卖的，都使用专有名词“情人”，所以，情人节看来是实事求是地根据日益增长的市场需求，应运而生的。

真正的危机倒是什么也不信，也就是说“不信仰危机”，因为，这人一旦什么都不信，那危机就大了。

首先，信不信历史？历史就是人的史，是人类活着的基础，没有历史，人就没有来历，没有来历，就没有理由，无根无据，无祖无宗，这人就活得很是不明不白。可是，写党史的经常变来变去，弄得大家不知道姓什么？

历史会变，那真假总有一定？可气的是，现在最难以相信的什么是真，什么是假，从小到大，老师教学生都说要追求“真善美”，可是，一到社会上，眼见耳闻，到处都是坏人得逞，好人受气；假话连篇，真相被删；“老实就是无能”已经成为广而告之的基本点了。

历史不可信，真伪美丑善恶不可分，这问题就严重了。因为，接下来就是“人为什么要活着”这个根本问题了。这里如果不打住，人就不活了。难怪现在那么多青年人是活一天算一天，跟着感觉走，不要长辈，不要后代，原来是因为“不信仰”。

机关算尽太聪明，反误了卿卿性命

不知道是自己不知天高地厚，还是实事求是，在国外经历久了，我比较中西文化之区别，最有感触的结论是：中国计谋天下第一。好像一位政治巨人说过：美国政治与中国比起来是小儿科。不要说别的，举毛泽东时代的中美苏三国关系为例，毛泽东运筹于帷幄之中，寻求中国生存空间、发展机会，可说是不卑不亢，不左不右，不紧不慢，戒骄戒躁，令人叹服。老邓也不逊色，在与铁娘子谈收回香港时，几句话让撒老娘差点摔了一跤，也真是应了毛泽东对他的评价“绵里藏针”。

我这样说绝对不是夜郎自大、贬低别人，而是从批判现实主义的角度比较中西文化。因为我常常多少有些伤心地反问自己：既然中国人的点子多，那么为什么中国反而落后于人呢？

应该承认，中国尚智的传统源远流长。当今世界的所谓智库，绝对没有春秋战国时期的“门客”人多势众。那时候，百家争鸣，明星辈出，是中国思想文化成型奠基的时代，后代的所谓中国文化传统乃至近来人们讨论的中国性格，都是在那个时代初具雏形的。

中国在那么早的时候就一统天下了，也是因为灭六国成一统的第一位中国皇帝秦始皇，用了有名的战略“远交近攻”计谋。对与自己距离远的国家因没有直接利益冲突，要与之结盟，成为朋友；而对于与自己相邻的国家则作为攻击的对象。这样一来，夹在中间的国家就成了汉堡包中的肉了。老秦真是厉害。

我没有过细考究其中的前因后果和恩怨情仇，不知道是邻国先攻击秦国，还是秦国先攻击邻国，但从现实中的经验看，历史上的事情肯定有很多的水分，真真假假难以辨析。不过这不要紧，不管三七二十一，老秦就是以这一战略将六国一一灭了，成就了大一统的千秋伟业。

具有讽刺意义的是，不搞计谋，采用安抚的“仁义道德”却鲜有成功。秦晋似乎是成过一段姻缘的，但还是不如打仗多。后来的汉朝老是采用和亲政策去安抚北方的匈奴，结果仍是战争不断。宋朝最窝囊，打打谈谈，两个皇帝当了俘虏，最后的结果还是南宋被灭了。谁灭的，先不去管他，反正是灭了。

大清王朝在中国历史上是很成功的，文功武略十分了得。满族入关，以武力灭了明朝，一度迫使汉族人剃发结辫，接受满族习惯，但是，反抗不绝。你说“留发不留头”，他还真挺直脖子让你砍。

也许是砍得太多了，怕伤了阴德，清军见硬的不行，来软的。其实清军的软实力比硬功夫厉害多了，最厉害的是对洪承畴的劝降。

洪承畴本是明王朝的重臣，被清军所俘。清兵把他带到主帅面前，强迫他下跪，他大义凌然地说:“吾乃天朝大臣，岂能对你小邦下跪！”

皇太极对他很是敬佩，就派名士范文程去劝降。那名士当然是智士，上来就凭三寸不烂之舌，海阔天空地谈古论今，不管你老洪听也不听。恰在这时，房梁上的灰尘飘落下来，正好落在洪承畴的衣服上，洪承畴不由自主地用手轻轻掸去。

那范文程毕竟是名流智士啊，立即觉察到老洪的心理变化，随即告辞出来，向皇太极禀报:“洪承畴连衣服尚且爱惜，何况生命呢。”皇太极立即加大劝降力度。这就上来一个原子弹，那就是庄妃。

据说那洪承畴一动不动地躺在光板床上，饥寒交迫，忽闻到奇香扑鼻，一绝代佳人，如仙女飘然而至。老洪不由得精神为之一振，只听那庄妃温柔体贴地说道:“洪将军家有老母、贤妻、爱妾，你若走了，她们怎么办？”

硬汉子最怕软功夫。洪承畴听后酸楚万分，一言不发。庄妃趁机把酒敬上。洪承畴沉默良久，一口喝了下去，竟是滋阴养颜的人参大补汤，不禁连饮数杯。后面的故事我就不说了。别人特别喜欢后面的故事，但那一是属于人家的“隐私”，我不能说；二是你说也是“以小人之心度君子之腹”，只知道反正是投降了。

清王朝最成功的基本国策其实是“对外开放”，反过来接受了先进的汉族文化，从游牧民族转变为农耕社会，与汉族等各民族文化融为一体，正是这一英明决策，维持了两百多年的统治。即使在洋人以枪炮打开国门之后，慈禧太后还曾在风雨飘摇中以大无畏的英雄主义气概，接见义和团。

她老人家先是“翻手为云”——成功地将“反清灭洋”的义和团，改造成为“扶清灭洋”的保皇派；如果后来不是因为老佛爷中了邪，以为义和团真的刀枪不入，可以打败洋人，因而勇敢地对洋人宣战，结果被八国联军赶出北京，差点丢了老命，——我想她也不至于又“覆手为雨”，把义和团出卖给洋人。不管怎样，老佛爷成功地维持了多民族团结的大一统五十多年，功绩还是不应当抹杀的。

虽然中国人智慧了得，但与美国人打交道比较之后，一个长期不得解决的问题，突然有了结论……

有两个商会同时与我联系，希望通过我发展中美贸易。

一个全是美商，其会长听我说想要深入美国人民中间了解其民情，立即要求其成员，邀请我到他们家中度节假日。每一个成员都十分认真地执行指示；有一位老太太，为了让我学会地道的美语，不断邀请我到她家，极为认真地一句一句教我读美语，弄得我倒是好像被老师管教的学生一样。

上级满意有官做，上级不满我难受

形势总是大好
检查组
真情都被删掉
楼歪歪
路塌塌
桥断断

内有气功外有拳棍
打遍天下唯我一人

另一个是华商团体，其会长也是很热情接待我，带我到周边旅游、度假，等等。不料，等我与其成为朋友，这位本来十分热切地要求我为其建立与中国贸易关系的会长突然不谈“商事”了。后来，一打听才知此会长被另一人取代……

我恍然大悟，明白了那句俗话：“一个中国人是一条龙，十个中国人成了一条虫。”

互相争斗的结果是互输，谁也不得好，博弈论中著名的“囚徒的困境”早已证明了这一结果；然而，明明知道结果还要先下手为强，那也只能应了《红楼梦》那句名言：“机关算尽太聪明，反误了卿卿性命。”

中国人的聪明是不用说的，连美国教授也说中国学生会读书，在中国成绩不怎么样的，到美国竟然成绩都不错。然而，聪明的结果却是“聪明反被聪明误”，真是要望“洋”兴叹了！

美国的教育从不强求学生“成才”，允许自己设计自己，任其发展，因此，学生可以自主地、创造性地学习。虽然多数人不太努力，但这些人就很愿意服从那些学生领袖的指挥。因此，美国学生的团体搞得五花八门，有声有色；而中国的团体却斗得四分五裂，有滋有味。结果，往往一事无成——就像上面的华裔商会一样。

有诗为证：

人人都说聪明好，只是势利受不了。
你争我斗无尽期，输赢抵消都苦恼。

“老子天下第一”的智谋

中国智谋的另一特点常常被人忽视，那就是，前面说过的“老子天下第一”。天下第一的老子，不仅能打败敌人，而且能够像放牛牧马一样“驾驭”自己人。

一般人读《三国》，只注意诸葛亮如何与曹操、孙权、周瑜、司马懿等“四类分子”打斗。其实，与这些外人过招不值得一提，真正值得一说的是老诸如何将内部有“反骨”的治得不敢乱说乱动，例如魏延。魏延看来是个不甘寂寞的人，他显然对诸葛亮心怀不满，心想老子如果不是被你诸葛亮压制，早就功成名就了。

要我来代替魏延用现代战略学分析，诸葛亮穷兵黩武，不自量力，倾全国之力，孤军深入，屡战屡败，屡败屡战；七年之中，六出祁山，耗尽了蜀国国力，还是没有成功。要是听魏延的，早就把魏国灭了。

然而，魏延无法表现自己的才干，因为诸葛亮大小事务，无不躬亲自理，不给魏延留任何“篡党夺权”的机会。

在这一点上，刘备显然不如他。刘备知道自己不行，所以礼贤下士，延揽人才，依靠大家治国。当时，蜀国人才不少，关羽、张飞自不用说，赵云、黄忠等均忠心耿耿。就是对诸葛亮本人，刘备也放下架子，三顾茅庐，相信“人才第一”。

到了诸葛亮时代，蜀国内部管理就完全不同了，所有的人才都被治得服服帖帖，全听诸葛亮一人调遣，以至于“蜀中无大将，廖化作先锋”。魏延自以为自己是“人才难得”，但诸葛亮革命警惕性十分高昂，时刻提防，并在充分利用之后再以计诛之，可见诸葛亮最厉害的不是联吴抗魏，而是治自己人。

从有文字记载的（管它史书还是演义）材料看，魏延是无可非议的领导人才。他智勇双全，战功赫赫，而且敢于打前锋，救危难，出奇策，他的誓言“若曹操举天下而来，请为大王拒之；偏将十万之众至，请为大王吞之”，充分显示了大无畏的革命英雄主义精神。更难能可贵的是，他“不唯上”，“独立思考”，可能还要加上“实事求是”，这些共产党员最难以做到的优秀素质，魏延都具有。正因为如此，慧眼识才的刘备授他为“汉中太守”，而魏延也很称职，自领汉中二十载，威震汉中。

然而，刘备死后，魏延便江河日下，诸葛亮对善于独立思考的魏延，“危言耸听”为“反骨”，相当于今天干部管理档案中的绝密评语“有野心”、“不可重用”、“控制使用”一类。

诸葛亮的人才标准是以自己一贯正确为前提，听自己的话。从他对王平的信任和重用，就可看出其人才观。王平在街亭之战中，根据诸葛亮的嘱咐，力阻马谡山上扎营，特别是在蜀军大败后，士卒离散，而王平能够率领本部，收拾败军徐徐而退。这种表现都是诸葛亮平时训导的，也算是称职。因此，王平“因功”破例升为参军，统五部兼当营事，进位讨寇将军，封亭侯。但王平与魏延相比充其量也就只能算平庸之才了。他在接替魏延出任汉中太守后，也就是“魏法王随”，并无独到之处。

诸葛亮大概还有一个特点，“崇洋媚外”，看不起本土人才，他绞尽脑汁，从曹魏营中引进了姜维，作为自己的接班人，可见他也相信“外来的和尚会念经”。

当然，诸葛亮不会说自己以听话为标准，而认为是重德，但实际上，所谓德，就是唯上，听话。其结果产生了大量的伪君子和庸才，以致于人才匮缺，招致亡国。与此相反，曹操却是不拘一格用人才，“唯才是举”，英雄不问出处，以致人才辈出。正因为如此，魏国才会有一举灭蜀的邓艾、钟会这样的军事奇才出现。

诸葛亮不仅敢治下级，而且把“阿斗”束之高阁，表面上不取而代之，实际上，军政大权，一人独揽。还装得“鞠躬尽瘁，死而后已”，流芳百世的好人都给自己做了，断送蜀国遗臭万年的罪名由姜维担了。这样的大智大慧，古今中外，无人可比。

我敢说司马懿从诸葛亮那里学了不少。司马懿对诸葛亮很尊敬，人家知道诸葛亮远道来了，不敢冒犯，闭门不出；见诸葛亮送来一套美人服安然受之。当然，司马懿比诸葛亮胆子还是大一点，他的儿子就敢直接取曹魏而代之，完成“三国归晋”的伟业，也是内斗的高手。

看来，诸葛亮被称为中国历史上几近于完美的智慧人物，不是因为他外斗行，而是因为内斗厉害。所以《三国志》的作者陈寿评价诸葛亮“将略非其所长”，显然是衬托他“内斗功夫，举世无双”。

古往今来，智慧超群的人才很多，但是，能够在事业有所建树的人却很少。大多是因为只能外斗，不能内斗。如韩信一样，带兵打仗，多多益善，就只能当将军，还要被杀掉；而刘邦带兵打仗不行，但却能将韩信、萧何、张良一干人治得服服帖帖的，所以韩信被捉时就哀叹：不是我不行，而是你是天老爷派来的，我有啥办法？！

有诗曰：

老子天下第一，
大话就是牛皮。
外斗只是将军，
内治才称皇帝。

接班人悖论与选拔人才

最难的智慧是选拔人才，特别是选拔所谓接班人。

在这方面，中国历史上可以取代诸葛亮名不副实地位的应当说是曾国藩（当然，敢于打破常规，力排众议，慧眼识英雄，启用曾国藩的慈禧太后也是眼光很毒的）。以一人之力，挽狂澜于既倒，扶大厦之将倾。改革清朝军队制度、政治制度、地方制度、税收制度，更重要的是，培养了一批人物，如左宗棠、李鸿章、沈葆桢等，均为近代中国力图发展科技、改革制度的中坚人物。

如果说诸葛亮最大失误在于用人不当，那么曾国藩最杰出的才干在于栽培人才。诸葛亮在培养人才方面，拘泥于行事谨慎，潜在的台词是听他老诸的话，因此魏延有主见不听话就不得重用。老诸选拔的人才都逊于他自己，没有独到的眼界，一代不如一代。而曾国藩选拔培养门下弟子，不怕其超过自己。

老曾的弟子皆是儒生，却统帅军旅，纵横天下，首要之功当推老曾眼光独到、教导有方。左宗棠才大气盛，非常傲慢，曾国藩不求全责备，给予发展之机会，使他有机会打出新的天下，就军事才干，左青出于蓝而胜于蓝。李鸿章，好吃懒做，但他眼光敏锐，曾国藩就培养其谋略，实践证明，其老谋深算，决不让老曾。

天下本来就无完人，你硬要求全责备，那就只能是“一叶障目”，有眼不识泰山。用群众选举的办法去推选人才，是最蠢的办法。因为，越是出类拔萃的人才，越是特行独立，不同凡响，你让只有常识的群众去推举人才，那与其说是推举人才，还不如说是埋没人才。这样的办法也能想得出，还成为制度，真是叫人大牙笑掉！毛泽东最伤心的事就是他自己带出的队伍，把他自己给选掉了。

领导最大的才能是用人，用人时最难做到的是敢用比自己强的人，只有胸襟宽阔的人，才能做到这一点。刘邦有什么本事？带兵打仗总是被打得落花流水，可是他用的张良、韩信、萧何，就都是出类拔萃的人才。刘邦用计不如张良，打仗不如韩信，内务不如萧何，可是，他的真正雄才大略就是大胆启用这些人才，所以得了天下。刘备也是一样，自己具体事务不行，就是会用人。

我首先揭示的中央集权制度“接班人悖论”，就是绕不过这一道坎——武则天那么有本事，但是在选接班人时就左右不是人，选谁都不行。传位给侄子，哪里亲得过儿子，何况政权给了武家，可自己又是李家媳妇。给女儿，不过是将问题推迟到女儿再解决。左思右想，只能还政于子，向儿子投降，因为天下再亲也亲不过儿子。不过，这也是靠不住的，因为儿子虽说是龙子龙孙，但也不可能总是有才干，万一出个阿斗，政权就给丢了。回过头来还是交给能人吧！然而，时势是变化无穷的，真是能人肯定会不按“既定方针”办，而要自作主张，这又意味着背离自己的既定路线，信不过。可惜的是封建政权无法实行现代企业制度那样的两权分离体制，这就是封建制度注定要灭亡的原因。

讲话真艺术，做人大学问

做人就要讲话，讲话是一门大学问。然而，中国人练出了一个精炼的“讲话原则”：当面只讲好话，反正讲好话不要钱；至于背后讲什么，就要看情况了。

谁都喜欢听好话，哪怕是一望就穿的大假话，只要好听，都成了“恭喜”套话，什么“升官发财”、“洪福齐天”，等等。如果说真话，比如见了朋友面，问道：你怎么老了？你们的孩子将来肯定长不高，诸如此类，你一定会把所有人都得罪的。不信你试试看。

其实，实话比虚情假意好，这个道理人人都懂，只是要真正做到就不容易了。

据说，有个秀才大概是江郎才尽，在人间混不下去了，就死了去见阎王。阎王说你这个家伙不是个好东西，尽说好话假话骗人，干脆下油锅吧。正要拉下去，阎王爷放了一个屁。秀才一听，忍不住张口即献屁颂一篇，曰：

高耸金臀，弘宣宝气。依稀乎丝竹之音，仿佛乎兰麝之味。臣立下风，不胜馨香之至。

阎王一听，大喜，挥笔增寿十年，吩咐放回阳间。十年过后，秀才再见阎王，知道阎王的脾气，也就不怎么怕了。大摇大摆地走上阎罗殿。阎王一见有些吃惊，心想，“别人都怕我，这家伙怎么一点都不怕？”忙问是何人。小鬼回答道：“就是十年前那个做屁文章的秀才。”阎王想起被他欺骗的事，便拍案大喝：“好刁猾的东西，原来你专会拍人马屁。哼，我最恨像你这样的人！”秀才赶紧跪地叩头说：“冤枉啊，冤枉。阎王爷有所不知，人世间的人都喜欢别人拍他马屁，我不得不这样。如果世上之人都能像大王您这样明察秋毫，公正廉明，我哪里还敢有半句恭维？”阎王听了，忍不住笑道：“你说的可是实情？”秀才赶紧磕头：“大王明察，小的如有半句假话天打五雷轰。”阎王叹了一口气：“我虽明知道你是说假话，但是，这假话还是好听啊！”便让小鬼给秀才松了绳子。

唐太宗和魏征应当说是千百年来君臣关系的典范。为臣的忠心耿耿，犯言直谏；为君的虽然有时面子拉不下，但总的来说还是从谏如流。这在历代王朝都非常难得。然而，魏征死后，唐太宗也许压了十几年的闷气实在忍无可忍，竟然找借口报复，下旨解除衡山公主和魏征长子魏叔玉的婚约。更有甚者是亲自砸掉了魏征的墓碑，出了一口鸟气。

唐太宗难道不知魏征的功劳？否！唐太宗很清楚，魏征在为唐太宗效力的十七年内，谏奏达二百多次。而且只要看不顺眼的什么都管，不仅管政治、经济、文化、外交等，就是皇帝的私生活都不放过。

正因为唐太宗是中国历史上少有的明主，他身为皇帝，能够十几年如一日地忍气吞声地容忍魏征的劝谏，改过自新，说明他的英明。他后来的反常举动其实很正常，恰恰说明他本来是心里很不高兴，但是为了江山社稷，只好忍辱负重。

魏征也许是管得太宽了，唐太宗堂堂一个皇帝，隐私权都受到侵犯，你说他恼火不恼火。有一次唐太宗当着长孙皇后的面大骂魏征：“早晚有一天，朕非杀了这个庄户佬不可！”可见也真是气急了。等到魏征死后，反正也不能再给自己劝谏了，出出气不碍事，所以索性痛痛快快地出口气，发发皇帝的威风。正是一个活灵活现的天子形象。

唐太宗不糊涂的有力证明是在贞观十八年，唐太宗在攻打高丽受挫后，认识到自己的错误，想起魏征，不由得长叹：“如果魏征还在，不会让我犯这个错误的！”才又令人重新立碑，安抚其妻子。他显然还是知道魏征是个好同志的！

在官场工作多年的领导干部，通常都会有些职业性的“官气”——即与普通群众不一般的气势，因此，难得听到群众意见。正因为如此，才要提倡“与群众打成一片”。有不少领导与群众打成一片还行，但却没有几个能真正做到听取实话的。

实际上，能够虚心听取正反意见才是一门大本事。因为，真言才反映真情，哪怕是直接骂你，当面造谣，也比背后搞鬼好！

能当面讲真话，至少是人家信任你，知道你不会事后报复。而且，既然人家认真地提出意见，你完全可以“有则改之，无则加勉”。如同对医生的意见：有病治病、无病防病。

不要以为讲好话的人都是好人，讲坏话的人都是坏人。这涉及一个识别人品的问题。

谁是我们的敌人，谁是我们的朋友，这个问题是革命的首要问题。推而广之，其实，识别谁是好人，谁是坏人，这也是人生成败的首要问题。

做好人多么不容易啊！引用鲁迅语式说，一个干坏事的人，你去制止，他将你骂得狗血淋头；你加以鼓励，他请你吃饭喝酒！人啊人，何太顽！往事多半可鉴，来者不一定可补！

良药总是苦的，而毒药却是甜的，为什么这样造药，要问上帝才知道！

有诗为证：

好话未必好，逆言何须恼。
兼听真聪明，令色是毒药。

第四篇

中国官场十八怪

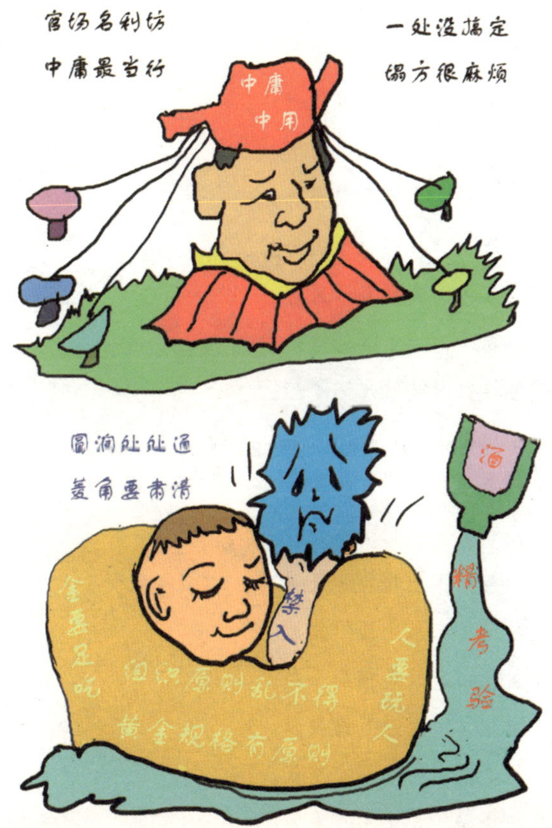
官场名利坊
中庸最当行
一处没搞定
祸方很麻烦
中庸
中用
圆润处处通
菱角要肃清
禁入
酒
精考验
金要足吃
组织原则乱不得
黄金规格有原则
人要玩人

（一）

官场真是难怪，越想心里越坏。
如果想要宽慰，请到场外打牌。
一是权力集中，办事才能畅快。
二是信仰坚定，社会主义领带。
三是大权独揽，第一把手主宰。
四是官官有别，党内领导党外。
五是行政泛化，社团也不例外。
六是官府宏伟，高楼直升云外。
七是等级森严，伸长脑袋等待。
八是领导在位，政策永远不赖。
九是出了错差，纠正等到下台。
十是上级英明，出错下级担待。
十一领导事大，出行道路让开。
十二官大气大，出口指示气派。
十三权从何来，从上至下指派。
十四民主选举，只是搭配小菜。
十五官官相护，互敬互助关爱。
十六组织考察，上级早有交代。
十七吃吃喝喝，小事不算腐败。

十八秘书跟包，男男、女男分开。

（二）

贪官总是存在，不必少见多怪。
群众擦亮眼睛，看他如何存在。
一会装腔作势，善于乔装穿戴。
二呼漂亮口号，革命激情澎湃。
三能拉拢关系，小恩小惠小菜。
四惯偷鸡摸狗，暗中突袭使坏。
五必索贿营私，给钱就得宠爱。
六拉同流入伙，苟合同居山寨。
七常进贡上级，因此印象不坏。
八专拨弄是非，鸡犬不宁无奈。
九敢贼喊捉贼，倒打一耙八戒。
十好偷东窃西，成绩李冠林戴。
十一腐朽糜烂，权钱圈养二奶。
十二陷害忠良，手段毒辣厉害。
十三豢养走狗，乱咬乱撕乱栽。
十四嫁祸于人，鸟头埋在沙袋。
十五胆大妄为，公然造谣陷害。
十六装腔作势，色厉内荏耍赖。
十七大事不妙，公猪母狗先宰。
十八机关算尽，终于难逃制裁。

（三）

朽木成林，宁邪不正

地实寒微，性非和顺。

五短身材，龟头缩颈。

走路外斜，八字不稳。

其质极恶，其思奇蠢。

男奸女淫，勾搭成麋。

当面是人，背后作梗。

口称廉洁，黑箱敛金。

雁过拔毛，贪婪成性。

饕餮如鳄，蠢蠢欲动。

利用公权，唆使小人。

陷害忠良，有恃无恐。

笑虎虚伪，笼络人心。

贼喊捉贼，幕后行凶。

正人君子，不苟同行。

人神共怒，天地难容。

机关算尽，反误卿命。

早知今日，何起贼心。

终日酗酒，了此残生。

万人指背，天下恶名。

微博叫板县委书记：纪委的另类维权

恩格斯说，唯物主义要随着科学进步不断变换形式，现在社会主义也真的在随着信息化与时俱进。

湖南省纪委有个干部陆群，在常规途径无效的情况下，打破常规，运用现代网络工具来叫板某县政府，帮助民工维权。这位纪委干部以“御史在途”作为自己的微博网名，还颇有一点“替天行道”的风范。

纪委干的正经活儿就是查处违纪现象，竟然也要通过发微博这种打破官场常规的另类方式来办事，这说明官场常规正道有些堵车，联想到近日还有法官上访的事，更无奈的是居然有信访官员也要上访，可见官场交通秩序并非感觉良好！

也许有人说我少见多怪。因为上访是每一个人的正当权益，平民百姓可以上访，当官的当然也可以上访。问题在于，不是我不喜欢上访，而是在中国特色的干部考核指标体系中，上访事件多是一个负面指标，影响到官员的升级、提拔。所以，经常有地方官到北京围追堵截上访者，这是“维稳”的重要措施。实行虚伪的资本主义民主的西方国家，不学习中国经验，他们居然把游行示威这样的影响稳定的大事不当一回事，结果闹出了“占领华尔街”运动。

纪委与法官，本身是“扶正压邪”的正义象征，在体制内干本职工作的陆群等人大概是体制内罕见的菱角和沙子，在有正道可走的时候，不走正道，而是走旁门左道，这也许离歪门邪道不远了。我很为他担心，他的官运可能因此结束。陆群好像也有同样的预感，他已做好了风险准备，他说：“如果经公正调查证实民工诉求不合理，我将立即辞职以谢天下。”

陆群还以小人之心揣测到多数官员都是以一门心思往上爬为正道，就故意奚落县委书记和县公安局长，“你们敢说‘如果这些民工的诉求合理，我立即辞职以谢天下’吗？”

县委当然不会中圈套，他们也不是好惹的。他们除了坚持正当执法外，也派出宣传部外宣办工作人员告诉记者，有关此事要以县公安局在县政府官网上发表的回应为准。有诗为证：

现在世界真精彩，正经歪传都可摆。
纪委要发微博报，法官有苦也无奈。

此事件的结果不得而知，但是，另有报道引人注意：原来某地因违纪被撤职的官员，很快异地做官。这使我感到纪委的工作环境不一定舒服。

有诗为证：

官员维权也放炮，不知可气或可笑？
只因改革未完成，还有歪门和邪道。

贪官就是反动派

一天我与朋友在聊天，朋友的小孩在边上玩。

朋友感叹道，现在官场腐败之风甚为严重，以致于清官难于立足。不久前他的一个朋友，因为不愿与贪官集团同流合污，被诬告陷害，无处伸冤，愤而辞职，令人义愤填膺。

这时候，朋友的小孩正好拿过来一本历史书，问道：“什么叫反动派？”

我们很吃惊，原来他在书中看到了这个多年来已经不再提及的词。

朋友随口说道，反动派就是反对历史进步，反对改革发展。

小孩听了恍然大悟，一边跑开，一边随口说道：贪官就是反动派！

我不禁一愣，知道刚才我们的谈话被小孩无意中听到，他有意无意地将贪官与反动派联系在一起。

我们相视而笑，我突然止住，说道，你的孩子说的很有道理。

纵观历史，任何朝代的灭亡，都与腐败有直接联系，可以说，腐败是一切政权灭亡的直接原因。如果一个政权坚持自己的革命性，它必然视“腐败”为“反动”。中国改革发展的最大障碍就是贪污腐败，腐败不除，人民不满，改革也无法顺利推进。既然改革就是革命，那么，阻碍改革的腐败和贪官就是反动派。在某种程度上，今天反腐败的力度还不大，贪腐还很严重，就是因为我们的认识还没有达到这一高度。

有诗曰：

腐败危害深，历史道分明。
小儿一戏语，道出主义真。

贪官也有贪官的苦

有一句老话说：“家家都有一本难念的经”；没想到，贪官也是一样。重庆大贪官文强被抓后，委屈地叹息道：在现在的情况下，不做贪官难以立足。因为对上要送礼，对下要拉拢；两者都要钱，不贪如何立足？

文强的话发人深省！“官上有官，官下有窝。上下打点，不贪奈何？”看来贪官也有贪官的苦！确实是上下左右都为难的事。正像一句套话所说，失败的贪官可能因为多种原因失败，但成功的贪官，往往都是四面光溜、八方灵通，所谓“人情练达即文章”；一句话，会通关做人。贪官们长期历练，心灵手巧。为了安全，广结人缘，到处打点。不仅对上面要送，对左右和下级，也不忘记疏通、安抚。著名的赖昌星一案就很有代表性：以钱开路，无往不胜！给你钱你不敢不收；不收，就要你的上级将你调走，要你的下级不投你的票。总之，干也得干，不干也得干！走也得走，不走也得走，别在这里妨碍人家贪。

有诗为证：

升官要拜票，处处都周到。
一处不打点，前途不美妙。

相比之下，清官要做到“关系练达”就很难。因为清官没有钱可以送：上级不满意，下级不高兴，结果可想而知。君不见当前有关部门考核干部，常常是“贪官考核全优，清官难以立足！”

实际情况比这还搞笑。据说有一地方政府对外招商，因财务公开，招待费受限制，结果就因招待不周以至于没人愿意前来投资，招商以失败告终。

诸如此类的事，耳闻目睹，实在是无可奈何，唯有叹息。世风如此，人心不古，看来“做好人好，还是做坏人好”成了一个不易回答的问题。

有诗曰：

世界怪事成堆，报应不分真伪？
清官孤家寡人，贪吏左拥右陪。
莫非天公受贿，也学重庆涉黑？
果然如此状态，纪检可否双规？

好人斗不过坏人

一天，儿子与同学玩游戏，两人为究竟是“魔高一尺，道高一丈”，还是“道高一尺，魔高一丈”争得面红耳赤。

儿子道：应该是“道高一尺，魔高一丈”，因为人们都说好人搞不过坏人。

儿子同学反对：应该是“魔高一尺，道高一丈”，因为书本上都是说好人战胜坏人。

我一时语塞，不知如何作答。

按道理，应该是好人战胜坏人，但是生活中见得太多的，却是坏人把好人搞得灰溜溜的。因为好人通常光明正大，与人为善，克己待人，常怀不忍之心，常常给坏人以可乘之机。而坏人既坏，必怀阴谋之术，当面是人，背后为鬼；纠集狼狈同类，策划于密室，攻人于不防；为达丑恶目的，极尽造谣惑众之能事，蒙蔽群众，颠倒黑白；纠集成团，主动出击；群众一时不知真相，好人难免暂时蒙受冤屈，让坏人占了上风。所以说“好人软弱坏人凶，好人易遭恶人攻！”

儿子的同学担忧道：既然如此，好人还是不敌坏人？

我答道：否！坏人既坏，必不能久，总有暴露之时。即使得逞于一时，必得意忘形，显出原形。所以说：坏人总是自己打倒自己。而好人之所以是好人就因为他只干好事不干坏事，正气凛然，无所畏惧。即使暂时孤立，或被远隔于千山万水之外，仍然言者掷地有声，行者势不可挡。诚如孟子所谓“善养浩然之气”，则“吾尝闻大勇于夫子矣。自反而不缩，虽褐宽博，吾不惴焉；自反而缩，虽千万人，吾往矣。”而坏人暂时依靠坑蒙拐骗，一时得势，但毕竟干了坏事，心中发虚，最终还是要暴露，总会露出马脚。即使今天侥幸逃脱，明天终难以过关；这一件坏事未被揭发，那一件坏事总要被揭发。所以，从长远看，从发展规律看，坏人终究要暴露，好人终究要战胜坏人。

因此，好人在遭到坏人攻击的时候，要沉得住气，要让坏人充分暴露，要学“郑伯克段于鄢”，让坏人“多行不义必自毙”；要教育、激发好人觉悟，团结起来，与坏人斗争，坚信“无可奈何花落去”，恶有恶报总会来；坏人必然失败，好人一定胜利，这是事物发展的一般逻辑。

儿子疑惑地反问：人人都说自己是好人，那如何区别好人与坏人？

一句话引起我的感慨，于是答道：在原则问题上，谁都知道什么是好？什么是坏？什么是真善美？什么是假恶丑？只是好人难做，学坏却很容易。

好人追求真善美，但追求真理是一个永恒的过程，要付出毕生的代价，不畏艰难，甘于寂寞，专心事业而持之以恒。追求真理，顺应事物发展规律，即为和谐，而和谐于音于形，即为美。世界万事万物都是互相依赖、互相矛盾的，以人际关系看就意味着要克己利人，而克己利人就是善，就有利于与人相融，与世共存。

与此相反，坏人从利己出发，不惜损人，即为恶。而为一己之利，以邻为壑，互相倾轧，则有悖于社会发展规律，其实质就是谬误之假；既假且恶，难以昭然过市，必然虚情假意、欺世盗名、投机取巧，就是虚伪之假。假恶兼备，世人皆耻之，其丑无比！

儿子问：既然如此，那世人都愿做好人，为什么还有坏人呢？

我答道：一个人做点好事不难，难的是一辈子只做好事不做坏事。而坏人利欲熏心、不择手段，就像吸毒，明知其恶，弗能止。即使偶尔做一件好事，但终难以持久。

儿子问：如果一个坏人假装做好人好事呢？

答曰：必不能持久！

儿子问：如果能持久呢？

答曰：那就是弃恶从善，就是改邪归正，就是好人。即使一时犯错做了坏事，但是放下屠刀，立地成佛；回头是岸，即为好人。

有诗为证：

好人为善始终，歹徒欺世害民。
天地总会记载，善恶皆有报应，
行善不需留名，为恶必定遗踪。
等到时间到了，赏罚自有公论。

为民还是为什么

一位党性特强的局长厉声质问记者道："你是站在党的立场说话，还是站在老百姓的立场说话？"我想这位局长在多次进行的"阶级性"、"革命性"、"先进性"、"科学性"教育时，一定是陪小秘到港澳或拉斯维加斯玩命去了，所以才如此坚定地将至高无上的"党的利益"置于人民群众的利益之上。

存在决定意识。局长大人平时肯定是高高在上，视小民如草芥，而他所谓的"党"的立场，恐怕是指自己的狐朋狗党、黑帮私党。从重庆打黑揭发出来的骇人听闻的事实也证明，现在的腐败已经浸入各级组织，腐败实现了组织化、集团化。很多地方已经到了受贿贪腐成团，清廉无法立足的地步，只要问一问任何一个异地挂职干部（他们通常是没有加入当地政治集团的游离分子），就十分清楚了。

人民群众是一个很奇怪的现象，他们经常是一个沉默的多数，默默地承受着来自自然或社会的压力和威胁，不是逼急了，就不会狗急跳墙。

于是，玩火的游戏就屡禁不止，诸如此类的现象，从经济到政治，从富豪到官员，涉及面甚广。在某地房屋拆迁中有人自焚之后，有官员斗胆放话：没有强拆就没有城市化！言下之意就是，"为了城市化，自焚怕个啥？"不久前，还有人断言："精英比人民更重要"，"房地产商不是为穷人建房，而是为富人建房。"更有外汇局面对外储贬值的担忧理直气壮地声称："外汇储备不是老百姓的血汗钱"；民生银行看到高通胀下面节衣缩食的职工，忍不住奚落道："我们挣钱挣到不好意思说的地步"。

最有底气的是铁道部。在高铁事件中，铁道部官员面对痛不欲生的死者家属，坚持表扬与自我表扬结合，责任则推给天老爷和奇迹：“这是奇迹，信不信由你，反正我信！”

激起民愤的铁道部发言人换人以后，该怎么干还怎么干。在2012年春运中，铁道部竟然再度力推肥水不流外人田的网购车票系统，然后以此系统曾在美国获得奖项为理由，回答忍无可忍的全国人民的批评。

现代科学发现，吃的太饱、太好往往造成大脑神经短路，西晋惠帝就是这样，他老人家听说灾区饿死人，惊讶地问：“灾民为什么不喝肉粥？”

郭美美炫富引起的骚乱当然与俗人喜欢色情绯闻有关，但类似的言行，如“我现在穷得只有钱了”，“我只为富人建房子”，“我现在每天的工作就是如何花钱”之类的名言，已经为仇富情绪做了铺垫。

从古至今，历史总是在告诫为政者：“民为重，社稷次之，君为轻”，“水能载舟，亦能覆舟”，“人民，只有人民，才是创造世界历史的真正动力。”但可惜的是，利令智昏的富豪、官员往往又喜欢玩水，尽管玩过了要翻船，但还是玩。纣王自焚了，霸王别姬了，李煜一把鼻子一把泪地唱“小楼昨夜又东风，故国不堪回首月明中”，但该干嘛还是干嘛！就是八国联军打进北京了，慈禧太后的颐和园还是比国防建设重要……

有诗为证：

人民创造历史，群众方为英雄。
无知小丑违背，天神必定报应。
执政理当廉正，为富应该恻隐。

苟有欺凌民意，来日不得善终。

经过洗刷的合法腐败

震惊中外的高铁脱轨事件尚未结束，铁道部的网络售票系统平台再次以“肥水不流外人田”的内部人承包方式出台，尽管以曾在美国获得过奖项的可疑包装，拒绝批评，但是，实践检验铁道部确实是拿全国人民望眼欲穿的春运售票需求开了一个天大的玩笑！

为什么这个“如果上市的话，估值在100亿元以上的平台”，经历了一场旋涡式的舆论风波，IBM、清华大学、易程科技和铁科院电子所都参与激烈厮杀，最后还是由铁科院电子所获得，其中的奥妙无须多问就可知道。

“君子爱财取之以道”是当今越来越被推崇的一个行为准则，在这一原则的指导下，高智商的腐败官员，通常采取有组织的、经过党委集体研究决定的合法形式，实施腐败计划，他们越来越公开，有恃无恐、再接再厉。

更可怕的是，从全国各地的腐败案件可以得出经验，由于强大的组织力量，反腐倡廉变得幼稚可笑。那么多的腐败官员，在考核时通常是优秀，廉政建设最后沦为少数个人在良心谴责下，自我约束的行为。

赖昌星走私案就是典型，坏人集体行动，好人无法立足，重庆打黑揭发的文强等数不清的案件也是典型。看来，我们已经无力阻止腐败组织带病运转，它们越来越强大，而我们越来越弱小。在腐败合法化的形势下，腐败不仅没有终止，而且是一路高歌，就像物价指数一样。

第五篇

中国人情十八怪

中国最讲人脉，几分扭捏作态。
至此恕我直言，冷暖炎凉常态。
一看名片报到，头衔把人吓呆。
二谓讲究送礼，钟与绿帽不买。
三去探望领导，红包千万要带。
四想找人办事，时刻要给外快。
五嘱笑口常开，关系必然不赖。
六要察言观色，少说多做忍耐。
七练左右逢源，含糊就是表态。
八有领导在场，言行特别灵乖。
九给下级训话，说话要有气派。
十遇姑奶心烦，祝贺青春永在。
十一见到先生，必定称他靓仔。
十二彼此彼此，合作才会愉快。
十三讳疾忌医，唯一缺点嘴快。
十四同行相轻，朋友都在海外。
十五见人得利，眼红几乎炸开。
十六老人摔跤，帮扶要有记载。
十七敬老尊贤，后生着急替代。
十八人走茶凉，回忆加速心衰。

“忍者神龟”，还是“忍者乌龟”

中国人推崇“忍”，小不忍则乱大谋。日本人很善于吸收中国优良传统，所以，推出了“忍着神龟”。不过，在时代变换、气象更新的现代化节奏的中国社会，“忍者”有时不大像“神龟”，倒是像“乌龟”。

忍者有的结果好，有的也不好。中国最有名的忍者是越王勾践，被吴王夫差灭了国，于是，咬着牙侍奉仇人为父亲，为了取悦于夫差，连夫差的粪便都尝过。功夫算是到家了，终于感动了仇人。以后，寻个空子，咸鱼翻身，将夫差灭了。这回是夫差学勾践请求暂时忍一忍，但勾践可不是那么好唬弄的，绝不给机会。否则，吴灭越，越又灭吴，到底谁灭谁，这历史就不好折腾了。

到楚汉之争时期，有名的忍者是能忍“胯下之辱”的韩信。投奔项羽，不用；再投刘邦，也被看不起，忍不住开了小差。好在萧何慧眼识英雄，月下追韩信，隆重向刘邦推荐。刘邦将信将疑，看在萧何面上，起用韩信，竟然由弱到强，反败为胜。而韩信却因忍辱负重，终于做了淮阴侯。

事实上刘邦对韩信从不放心，封个王也不情愿。有人看出来刘邦这个流氓不可信，就劝韩信自己立山头。忍者韩信怕是忍出甜头了，不肯背弃汉王，自立山头。可是韩信万万没有想到，刘老板后面还有更厉害的老板娘，与其“恩师”萧何串通一气，将他杀了。

这样看来，到底是忍好，还是不忍好，“忍者是神龟”还是“乌龟”又说不定了。

刘邦自己有时是忍者，有时又不忍。面对暴秦统治，揭竿而起，是忍无可忍。在进了咸阳可以称王的时候，见项羽来势汹汹，赶紧俯首称

治病救人

预防第一

扁鹊

人人都说良药好

桓公后代

临到苦时受不了

委员会的

工作照

大家与世无争，合作愉快轻松

臣；鸿门宴更是低三下四，捡了一条小命，这是忍者。终于时来运转，用韩信之计，“明修栈道，暗渡陈仓”，灭了项羽，忍者做了皇帝。

曾经的刺客英雄汪精卫先生投降日本，他自有他的道理，也许是借日本的力量打共产党，所谓“曲线救国”。在这一层意思上，汪精卫与蒋介石不抵抗政策的曲线救国是一致的。汪精卫为此不知忍受了多少侮辱，最后，还是以汉奸之名遗臭万年。

满清王朝的最后一个皇帝——宣统皇帝显然也是出于“借刀复国”的意思，做了日本天皇的附庸“满洲国”皇帝。宣统皇帝忍受的屈辱也是“罄竹难书”的，就是在家庭中，他也很不幸福。然而最后的结果，“忍者”还是乌龟。

俗话说“吃得苦中苦，方为人上人”，“小不忍则乱大谋”，因为，“天将降大任于斯人也，必先苦其心志，劳其筋骨，饿其体肤，空乏其身，行拂乱其所为，所以动心忍性，增益其所不能。”但是，由于中国人能忍，看见商家骗人，侵害了消费者利益，嫌麻烦，不予计较。结果是商家得到鼓励，肆无忌惮地行骗，什么“漂白面”、“三聚奶”、“黑心棉”、“红心蛋”、“地沟油”、“血燕窝”，到处泛滥，以致于中国“山寨”天下闻。

更有甚者，在高级知识分子领域，“山寨大王”发展到带“教授、博士”雅号的抄袭、剽窃者，而抄袭剽窃者往往得到支持，揭发抄袭剽窃者倒是被人瞧不起：“这也计较，小心眼”。结果大家都碍着面子，抄袭剽窃也就横行中国了。看来，现在中国人诚信成问题与忍者有关。

西方人不肯忍，有了委屈就大喊大叫、抗议、罢工。西方人绝不容忍欺骗、作假，无论在政界、商界还是学术界，都一样。你买了一个西瓜，回家切开是坏的，可以去换。大家都认真，计较，因此，商家也就讲究信誉，决不卖假货。

一个教授剽窃抄袭他人，那他这辈子就完了。即使是尼克松总统也不例外，尼克松就是因为水门窃听事件下了台。

正因为社会都不忍，因此一切污泥浊水都无法立足，社会从此清明，可见，忍并不总是好，不忍也能造福于社会。

这样看来，凡事都有“度”，有原则，该忍的要忍，不该忍的不要忍。“忍辱负重”和“忍无可忍”都是有道理的。

有诗为证：

大家都讲忍，小事莫较真。
互谦又互敬，社会都安定。
是忍是不忍？进退有标准。
欺人如太甚，给他一板凳！

唯名还是唯实

中国人为了“唯名”与“唯实”的问题，争了几千年，到今天，关于“名”与“实”的关系还是一头雾水，唯名派与唯实派，谁都可以讲出一箩筐道理。

孔子说，“名不正则言不顺。”可是就是在孔子的时代，周天子却有名无实，因为“天下有道，则礼乐征伐自天子出；天下无道，则礼乐征伐自诸侯出”。而在当时“礼崩乐坏”，诸侯挟天子以令诸侯，周天子的“名”已经没有什么实际意义了。

曹操是个唯实的聪明人，想通了这个道理，就很满足集大权于一身，“挟天子以令诸侯”，一辈子都不称帝，不要这个虚名。

刘邦的老婆吕后很善于抓权，也满足于无名有实，只要说话算数，没有皇帝之名无关紧要。

以后武则天破了这个规矩，绞尽脑汁苦苦累了一辈子，到头来不知道如何处理后事。所以后来的慈禧太后就聪明多了，使唤皇帝如呼小儿，但就是不称帝。

越往近走，爱慕虚荣的风气越来越盛。把名看得比实还重的也总是有。否则大权在握的袁大总统，为什么硬要做皇帝，结果把命都送了？林彪已经是一人之下万人之上的副统帅了，为什么就是要当国家主席？结果身败名裂。

现在的社会已经到了只要名不要实的时代，首先是领导带头，“官本位”，大权都在官那里，所以，人人都要当官。执政党的官和政府的官最值钱，有名有实。挤不上去的就搞个事业单位、社团组织，当个主席、会长，等等，也很唬人。

有领导带头，社会也就越来越不唯实了。教育界、学术界、文艺界，等等，也掀起唯名之风，于是，院士、教授等到处都是。为了评职称，弄虚作假、拉帮结派、抄袭剽窃，不惜一切代价。中国剽窃之风颇为盛行，皆为追逐名利之结果也！

有诗为证：

名实真奥妙，
各有各的道。
有名责有实，

无名伸手要。
名实不要吵，
两者要协调。
如果不相符，
不如守低调。

在位打官腔，离退方真言

袁伟民曾因领导女排有功，一鸣惊人。沉寂了多年，又在卸职之后，以直言不讳，再鸣惊人，引发广泛的注意。无独有偶，在此之前，前教育部副部长卸职后谈起教育改革，也是一言直中要害。为何在任时不说，离退后才发言，其原因大可玩味——乃政坛不说真话，流行假话、套话之故。

然而，官员也是人，不敢说真话的环境，肯定是使人压抑的环境。难怪有人说，官场流行抑郁症。

据报道：江苏射阳县纪委监察室的一位戴姓副主任在县人民医院跳楼身亡，经警方初步认定，死者生前患有抑郁症。万全县县长王聪著在宿舍自缢，公安部门初步给出的解释是，“该同志……表现出抑郁症状”。射阳纪委的一名主任在戴姓副主任自杀同一地点跳楼；射阳县地税局上任仅一个月的局长吊死在自己办公室里。警方都鉴定死者生前患有抑郁症。民航中南地区管理局局长、党委书记刘亚军自杀，同样是“因精神抑郁所致”。

看来，要医治抑郁病，就要研究如何讲话。过去说“心中有话对党

美女加金元，礼重人不嫌

没有回扣单，累死也不帮

说”，但经验证明，不管你是说“心里的话”，还是“嘴里的话”，说话都是一门伟大的艺术。会说话的，官运亨通；嘴笨的，到处碰壁。

在真话与假话之间，还有一种话，叫废话或套话。不要以为废话、套话没有用，这还是担任领导职务的人的一种基本功。

领导不能乱说话，但是领导的嘴又必须说话。假如你不能说真话，又不愿说假话，在这时候，废话、套话就大有用场。

看看官场每天发出的成千上万的讲话，有多少是真要做的，有多少是只说不做的；当然，还有只做不说的，此处不提。

如果可能找到一个当过右派后又平了反的领导，他一定会教你如何说废话、套话。比如见到上级一定要说“领导英明，坚决服从”之类仰视顺从的话；接见下级可以说“再接加再厉，必定有出息”之类的表扬鼓励的话；如果是老人，最好是说“福禄寿康，儿孙满堂”；至于对女人，如果不是老婆或红颜知己，有悄悄话要在见不得人的地方说的话，那么无论年龄多大，面目多么惨不忍睹，你一定要厚着脸皮，毫不犹豫地唱到“美女美女我爱你，就像老鼠爱大米”……

尽管如此，“鸟之将死，其鸣也哀；人之将亡，其言也善。”做了一辈子领导，身不由己，言不由衷；退下去以后，夕阳无限好，只是近黄昏。解脱了公务的约束，人性能够当家做主了，人的观察角度、思想方式肯定不一样，因此，说真话的时候慢慢地就到了。

有诗曰：

在位不敢直言，因为顾后瞻前。
有人触及时弊，可以套话回避。
因为套话太空，听者无动于衷。

讲话白费力气，实践更白打工。

人们都有意见，自己也没脸面。

留下很多遗憾，于心总是不安。

及至离退休息，从此高高挂起。

忽觉来日不多，抓住机遇快说！

能在官场打拼的人必定有一些能力，所以一旦实话实说，往往能讲出一些或“脍炙人口”，或“流芳百世”的佳话。最有名的故事就是南唐皇帝李煜了。

李煜，史称南唐后主。即位后对宋称臣纳贡，以求偏安一方。公元975年，宋军破金陵，他肉袒出降，沦为阶下囚。太平兴国三年七月，被宋太宗赐药毒死。李煜精通书画、音律、诗文，是个全才，其词为五代之冠。其词反映亡国之痛，感情真挚，极富艺术感染力。如千古绝唱《虞美人》：

春花秋月何时了，往事知多少。小楼昨夜又东风，故国不堪回首月明中。雕阑玉砌应犹在，只是朱颜改。问君能有几多愁，恰似一江春水向东流。

在英美等国，退下的总统多习惯写回忆录，往往比在职时还受欢迎，且名利双收。就在于在职时说的往往不太真实，而退下去了，无拘无束了，反而实话实说，最合老百姓心意。

领导者的作用在于领导群众前进，因此，领导者最重要的素质之一就是说实话、做实事。

美国文化是最讲实在的，你有什么本事、想法、要求，你就痛痛快快地说出来，不要躲躲闪闪。中国人往往不习惯，有几次与美国朋友出外，遇到吃饭的时候，你说你请客，美国朋友就等着你付款，绝不假惺惺地推让一番。这其实是现代社会所需要的文化。

老人跌倒谁敢扶

近年来，多次听闻老人摔跤，有热心人帮扶，不料竟被诬陷为肇事者，强要赔偿医药费、损失费等，以致告上法庭。又有小偷被人家发觉，揭发者被小偷伤害，被偷者不仅不敢出面制止，反而否认或是开溜。诸如此类，令人心寒。

此类现象，如偶然出现，可能真是误会，但频频出现，那就是社会和道德问题了。有一例说是摔跤老人昏死过去，有热心帮助者帮助，但儿女们却抓住热心帮忙者，以肇事者名义告上法庭。后者有口难言，欲哭无泪，被迫赔偿。不料，老人救治醒来，说出事实，方知真相，令老人儿女无地自容。还有老人坚持说是帮扶者肇事，真叫人不知如何说好了。所以，才有见老人摔倒，赶紧走开的说法。

道德的沦丧是社会的癌症，仅仅靠贴上一剂“德治”的膏药是无济于事的。即使给孔子平反，给二程贴金，也挡不住对“潘金莲”的平反。尽管“红歌口号”甚嚣尘上，从“一颗红心”、“品学兼优”、“三好学生”、“四个第一”、“五好战士”，发展到“五讲四美”、“八荣八耻”，一则“老人摔倒，扶助者被诬赖”的消息就使所有的正人君子无语。有人赶紧出来辩解说是小概率事件，这种愚蠢的解释弄巧成拙：如果小概率事件频频发生，这世风日下怎不影响稳定？还有更荒唐的故意杀死被无意撞伤者。

有谁能相信：当有人在你危难的时候，伸出手帮助你，而你竟然像母螳螂似的趁热恋之机，乘机张开血盆大口。面对这样的现象，永远正确的领导，就像铁道部的同事一样一点也不内疚地发誓："这只是奇迹，奇迹就是这样发生的！""信不信由你"，至于服不服，还要服从我领导!

说出来一定会叫领导们不好意思，还是在80年代的时候，我一次骑车经过老火车站附近，见到一个老太太过马路，因为躲避汽车不及摔倒在路上。汽车扬长而去（中国与美国相反是"人要躲车，车不让人"），而我正好路过遇见，立即将自行车放到路边，扶她起来。看来伤势不轻，我不忍心离开，索性道貌岸然地将好人做到底，一直扶着她到医院，又掏钱为她挂号检查看病，好像是什么粉碎性骨折。不久，她的家属来了，问我姓甚名谁，何方人士。我俨然像雷锋叔叔一样，以无名英雄的风度转身想走。不料，老太的家属大吼一声，一把拖住我："撞伤了我妈，想开溜，没门！"

我目瞪口呆，仿佛一声闷雷，将我从"无名英雄"的梦中打醒，半晌，才发现我不仅不是雷锋叔叔，而且更像小偷，只好吞吞吐吐地辩解，我只是头脑发热，"激情救人"，没有考虑后果，转身可怜兮兮地求被救者老太放我一马，说句真话。那老太大概也没有想到事情竟会出现如此戏剧性的演变，她肯定曾经天性善良，并不想敲诈。她半天没有说话，仿佛"社会主义教育运动"在促使她"斗私批修"，而她的与时俱进了的家属几乎毫不掩饰地暗示她什么是真，什么是假。老人犹豫着，犹豫着，终于在其家属毫不含糊的逼迫下，低着头点了点，坚定了

上级指示已发

赶快组织传达

屁也要

莫搞笑

噗！

我没看见

好心助人惹麻烦

叫我有心也为难

革命意志，肯定了她家属的话！

我脑袋几乎气炸了！从小被孔老二教坏了不顾后果地做好事的我，做梦也没有想到，人世竟然能够这样可悲！现在没有别的办法了，国际歌唱得好，从来就没有救世主，只有自己救自己，我心里开始琢磨着如何开溜。灵机一动，计上心来，我决定彻底与传统观念决裂，突然拍案而起，义正词严地谴责了那自以为得计的老太和她的家人，并在慷慨激昂的同时，冷笑一声，绝地反攻：如果你们以为可以捞一把的话，那就看错了人了。我儿子是李刚（这里有些“穿越”了，但反正历史和现实都是真真假假，稍微露点马脚没事）！不信，我马上叫警察小儿来铐了你。

我学着警察的样子，将大红工作证晃了一下，努力装出穷凶极恶状，连哄带骗地逃脱了纠缠。那老太和家人肯定也是被事情的颠三倒四吓懵了，眼睁睁地看着我甩手而去。可怜的是我做好事被当做了贼人，做恶人倒是镇住了那多半也还是欲坏将坏刚刚学坏想讹我一把的准坏人。

以后，他们没有敢再来找我。当然，他们也没有归还我代付的医药费。我还是吃了亏！

此事发生的时候，还是刚刚改革开放的时候，我一度以为这是人类罕见的返祖现象，没有放在心上。以后，我一直很理解人们见到同样的事，为什么不上前帮助而是赶快躲开。“四清”把清洁的人都清了，留下的不是“四不清”还能是什么呢？文化革命把文化的命都革了，能苟延残喘的自然是野蛮。即使是如此迂腐的我，也被再教育到见风使舵了。如果再见到同样的案例，即使良心谴责，至少也要以合理的个人主义立场想一想，如果我以共产主义名义救了一只狼，我得到的是资本主义的酬谢，还是社会主义的报应？！

然而，假如有一天，我再见到老人摔倒受伤，而因为我没有及时上前救助以致死亡，我应该谴责谁？是我自己还是社会？！我相信，我终究还是会上前救助，因为，我那从不说自己伟大的实际上更伟大的亲爱的母亲在天上看着我！

有诗曰：

从来帮扶世称颂，未闻救助惹纠纷。
莫非狼性更人性，从此遇事要绕行。

第六篇

中国传统十八怪

华夏传统悠久，渊远大可评摆。
倘若固步自封，必然落后时代。
一据道听途说，盘古开天谁在？
二有皇权神授，传说都很古怪。
三占易经八卦，百事可乐开怀。
四善辩证思维，凡事有好有坏。
五信轮回报应，否极终会泰来。
六自称为中国，闭门不知海外。
七观春秋战国，百家都上讲台。
八拜师道尊严，一代不如一代。
九唯独尊儒术，千年归于一派。
十最重义轻利，谈钱就不自在。
十一恋旧守旧，复辟情节作怪。
十二中庸为德，不偏不倚好崽。
十三说话含蓄，磕头就是表态。
十四大人在上，小民自称奴才。
十五避讳大事，搞错要掉脑袋。
十六凡事株连，动辄查你三代。
十七以德报怨，不亦乐乎对外。
十八新生时代，喜新厌旧太快。

历史与真实

辨别是与非是最为纠结的事，因为每一个人观察事物的角度不同，所以对同一件事的看法就大相径庭。由于历史都是前人说的，真真假假就真的难以区分了，因为历史就是形形色色的人的真真假假的故事的杂烩。

重读很多自以为熟悉的历史，你会发现，每一个故事，都有不同的版本、不同的说法。即使是刚过去没有多久的事，经过几个周转来回，就与乡村陋野的道听途说没有什么区别了。所以，历史当不得真，本来就真真假假，以讹传讹，你有什么本事辨别真假，不要说几百年或者几千年的事，就是几天甚至刚刚发生过的事，都难以众口一调，统一到主旋律上来。

一个人直接经历的与道听途说的相比微不足道，而道听途说的显然极不可靠。即使是自己直接亲身经历的，由于知识经验不同、立场不同、感情不同、还有当时当地的精神状态不同，也会产生多少不同的感知，这就叫人更无所适从了。难怪《红楼梦》太虚幻境上有“假作真时真亦假，无为有处有还无”的对联了。

世界上最不好听的就是实话，归根到底，所有的人都不喜欢听实话。大家在根据自己的需要，描述各种“虚幻的事实”，因此，所谓真实，就是各种主客观因素在一锅乱炖之后端出来的杂烩。

在一个没有真话的世界中，人人都会遭致损害。最著名的是关于“我爸爸是李刚”的故事了。在仇官仇富的情绪下，一个基层干部的儿子开车压了人，被渲染成“官二代”，遭到社会一致的谴责。更可悲的是药家鑫的案件，因交通事故而有意杀害被撞伤者，固然可耻，但是如果要靠网络炒作“官二代”才予以重判，这就是不正常的现象了。

有诗为证：

假作真时真亦假，道听途说傻不傻？
求真务实诚可贵，劳神费力累不累？
谣言四起搞不清，狗咬不识吕洞宾。
真假还靠嗓门大，最后权力来说话。

历史悠久的利弊

中国人谈起文明古国，历史悠久，无不自豪；提及美国两百来年，几乎没有历史，有些瞧不起。然而，一想到没有历史的是世界老大，历史悠久的，反而大部分处于后发展状态，我就有些疑惑起来：“历史悠久究竟利大于弊还是弊大于利？”

我这样提问也许颠覆了中国传统的“价值标准”——以历史悠久为荣。但什么都不是绝对的，好得“太过”，就会“不及”。历史悠久固然很不错，但是，如果把历史悠久当做因循守旧的包袱，那就走向了反面。

这个问题本来极为简单，我们每个人都在不断地面对这个问题，也在不断地解决这个问题。然而，问题一经披上哲学的外衣，人们就有些畏惧，以至于不敢独立思考了。

每个人都要经历少年、中年、老年。少年时代，没有历史，也没有包袱。无知者无畏，所以敢想敢说敢干，也不怕犯傻、乐呵呵地做蠢

李世民：爱卿为何不爱民，朕闻此报很担心
大 臣：本朝以民为避讳，奴才敛集人民币
回避
100

面貌俊
声音亮
脾气好
人气高
关于救人的党委办公会议
救命！！！

事。遇到问题，没有经验可依靠，就不知天高地厚，大无畏地干起来再说。结果也同样好歹都有：或者搞出个“前不见古人，后不见来者”的“世界第一”，或者功亏一溃。总而言之，能创新出成果的时候往往就在少年。所以中国有句俗话说“自古英雄出少年”。当然，干蠢事的时候也多是在少年。

到了老年，无知无畏，犯傻创新，失败成功，什么都经历过了。于是，老年人很稳重地审时度势，运筹帷幄，处事冷静，宠辱不惊，十分老道，俗话说“姜是老的辣”。由于“世事洞明”，有了学问；“人情练达”，就写出很多华章，功成名就。不幸的是，与此同时，老气横秋，墨守成规，反正坐享其成，养尊处优，也就无需去干少年时代的那些开拓冒险的傻事了。大多数人衣锦还乡，安享天伦之乐；勤快的还写写回忆录，卖点外快。更有极少数人自以为是看破红尘，遁入佛门仙境去了。结果也很清楚，眼睛一睁一闭，天天如此；眼睛一闭不睁，永远如此。

究竟哪样好，还得具体情况具体分析。

有诗曰：

年轻气盛要争先，阅历渐长图安闲。
世事洞明皆有数，与世无争赛神仙。

复兴与复辟

当传统被肆意侵害，就会物极必反。近年来，一个引人瞩目的现象是“怀旧”或“恋旧”。

首先是“国学”十分热火，祭祀炎黄祖先，背诵四书五经。经典的搞完了，就搞通俗化的古典新谈，易中天品三国红遍大江南北，于丹讲经也吸引了成千上万的粉丝；影视界的古装戏更是隆重推出系列帝王将相，先从皇帝拍起，接着是皇妃，再就是太监。再往下就越来越搞笑了，先是皇帝和皇妃的正宗的儿子，以后私生子，再就是“太监”的儿子。

正经的搞完了，就搞邪门的。于是，涌来一批现代派的《明朝那些事儿》、《武林外传》和《三枪》。

值得注意的是，现在网络上流行着重读历史，出现了很多对历史风云人物持不同见解的文章，如“清王朝的改革新政一度成绩显著,本来可以改革成功”；“孙中山如何独断专行，以至于黄兴与之分手”，等等。还有人说原被人说道的胡适其实很忠于家庭，被人称道的鲁迅在男女关系方面却是绯闻不断。更精彩的是，原来“五四”的几个风流人物，竟然都没有显赫的学历，更不是正经的海龟：胡适的博士是假的，陈独秀的学历是伪造的，鲁迅搞文学则是专业不对口，等等。由于蔡元培大胆地弄虚作假，招聘来这些不三不四的角色，结果捣出了个“五四运动”。所以如果当时的教育部也搞学历认证的话，中国就会走上另一条道路。诸如此类，目不暇接。

看来，这历史就是一团麻，真真假假谁也扯不清。聪明的办法就是“朝前看”，过去的就过去了，不要再算旧账，纠缠在昨天。今天的人就要干今天的事，不要瞻前顾后，左顾右盼，要抓住机遇做事，就像张艺谋电影中唱的“妹妹你大胆地往前走哇，往前走，莫回头” 。有机会出头露面，就抓紧时间展现风采，书写历史，不要管别人如何看。因为，机遇稍纵即逝，机不可失，失不再来。

中国近代的文明进步起于1840年以后的改革，特别是五四运动，打倒孔家店，提倡新文学运动，自此才有了科学与民主思想的传播。然而，五四也不过是当时的年轻人的追求而已。今天来看五四，至少是幼稚的：彻底抛弃传统，全盘接受西化，导致了崇洋媚外风行，至今长盛不衰（以至于凡从国外回来的，不管阿猫阿狗，都是大师。其实相当一部分人是在国外混不下去，才夹着尾巴回来的）。

事实上，年轻人独立自主的革命时代已经展开，像超女、网络文化、韩寒等，就是现代文化革命的直接代表。这一时代文化的特点就是反对一切外加的东西，复归自然，充分地体现人性的本来要求。老一辈别想用原来的理想、规范和利益来引诱年轻人，他们不会相信这一套，因为他们是现代人。

我没有读过金庸、王朔之类，我不是说他们不值得读，而是我的兴趣不在此——就像有人喜欢饮酒，而我则不以为然一样。

在我看来，年轻人永远是对的，上帝赋予他们的天命就是革新创造，不拘形式，重在内容。如果年轻人拒绝的，你就不要变着戏法去骗他们，他们终究“要走自己的路，让我们去说的”。哪怕颠覆了你习以为常的价值标准，扭曲了你的欣赏习惯，仍然要冷静地研究“为什么”。因为世界是年轻人的，希望寄托在年轻人身上。离经叛道就是创造进步，因袭守旧就是落后保守。

为什么超女、韩寒、郭敬明能够抓住年轻人的心，甚至刚刚出现的五音不全的曾轶可就是比高雅的美声唱法更孚年轻人之望，就是因为没有对手——传统的东西没有与时俱进，缺乏吸引力。

当然，现在既是讲究民主的时候，年轻人说得，心怀不满的中年人、老年人也可以说。所以，恋旧、复旧、守旧的情绪也应该有发泄的渠道。何况它反对“喜新厌旧”，对当前的社会稳定有好处。

复旧的情绪是可以理解的。对新生代社会现实不满的人往往喜欢在回忆中恋旧，“如果当时不那样……就会这样。”可气的是历史不能走回头路，时间无法逆转。所以无论你有多少理由证明你是对的，历史错了，也没有办法将历史倒回去，照你的意思重来一遍。硬要逆潮流而动，结果也不会好。

中国怀古复古的历史悠久，大圣人孔子一生疲于奔命，图的就是“克己复礼”。在孔子年代，周礼已经是“时过境迁，礼崩乐坏”了，但执着的孔老先生就是要逆潮流而动，虽无趣而终，但却青史留名，后继有人。王莽就是一个当过权的复古派，历史书上从来都把王莽视为坏人，虽然这未必正确。

据记载，王莽从小谦逊有礼，节俭勤奋，从名士学习经书，知书达理。在家里，他孝顺母亲，对寡居的嫂子和亡兄的孩子堪称照顾周到。他还广交朋友，当然，对待执掌大权的叔叔伯伯们，他更是毕恭毕敬。与众不同的是，王莽从小很有上进心，立志要出人头地，成就一番事业。

王莽的表现得到公认，所以，当时很多名士联名推荐他，赞誉他“才德兼备”。汉成帝接受了推荐，封王莽为新都侯，食邑1500户，晋升为骑都尉光禄大夫侍中。从此，大权在握，参与朝政了。

即使这样，王莽也没有显露出一点骄横之气，反而更加谦虚谨慎了。他不仅广交权贵名士，同时也不忘发散家财，救济贫寒的宾客。即使从共产党员的标准来看，王莽虽然出身不好，但也可以称得上是可以教育好的人了。

王莽还干过一桩不好不坏的事，就是对付政敌淳于长。淳于长是王氏的外戚之一，并且其官位和声势在王莽之上。这个淳于长虽然有点小聪明，但却缺乏大谋略。小人得志便忘乎所以，不知螳螂捕蝉，黄雀在后，而王莽就是那只黄雀。

大权在握的淳于长和王莽完全相反，仗势欺人，骄奢淫逸。淳于长的胆子也太大了，竟和被废的许皇后的寡姐许嬷私通，进而收纳为妾；后来见了许皇后也调戏。这时，在一旁冷眼静观的王莽出手了，他向成帝举报。戴了绿帽子的成帝大怒，免掉淳于长所有要职，打回封地。最后，成帝还不解气，又将他定为大逆之罪。淳于长最后死于狱中。

王莽不仅工于心计，而且耐得寂寞。公元前7年，成帝死去，刘欣即位，就是汉哀帝。因权利之争，王莽辞去官职，被汉哀帝赶回了南阳封地。

回乡后的王莽并没有消沉，继续奋斗。他的儿子杀死了一个奴隶，这在当时并不违法，但王莽大义灭亲，竟让儿子自杀偿命。王莽的行为感动了众多大臣，大家纷纷上书要求恢复他的官职。汉哀帝只好下诏将王莽召回京城。

历史发展到这时候，如果王莽突然得非典或癌症死了，那谁都会称之为贤臣。

不料，坏就坏在王莽后来篡汉建立“新”朝。这就得罪了拥立正统的历史学家了。于是，王莽就变了坏人。

实际上，王莽干的事还师出有名，就是效法孔老先生，克己复礼。

王莽回京一年之后，汉哀帝死去，汉平帝继位。王莽在姑姑太皇太后的支持下做了汉平帝的辅政大臣，当上了“安汉公”。为了巩固自己的权势，王莽又设法让女儿做了平帝的皇后，自己则得到“宰衡”的称号，位居上公。

国学开大会，诸子排座位。孔子要独尊，大家都反对

改革搞经济，孔子也逞能

不久王莽毒死平帝，将刚两岁的刘婴扶上帝位。公元8年，王莽终于宣布取代汉，改国号为“新”。

王莽开始实行新政。首先改革了官制，将传说的上古官制拿来和汉朝官制结合，就成了新朝的官制。

关于土地改革，王莽参照了夏商周的井田制，颁布“王田令”，即将天下土地改称为“王田”，同时禁止土地的买卖。如果一家人中男丁不满8人，但土地超过了900亩，就要将多余的土地交给国家，再分给本族人耕种。以前没有土地的家庭则依照一夫一妻一百亩的标准分配。

王莽为了防止奴婢的增多，影响国家劳动力的减少，还颁布了“私属令”，将奴婢改称为“私属”，禁止买卖，违令者也是流放。

王莽此后还颁布了“五均”、“赊贷”以及“六管”。所谓的“五均”，就是由国家来管理工商业和物价。“赊贷”就是由官府在百姓遇到诸如丧事、祭祀和经营工商业无钱时，向百姓发放贷款。工商贷款利息每年百分之十，而丧葬和祭祀贷款则不收利息。祭祀要在十天内还清，丧葬归还期限则是三个月。国家还将盐、铁、酒收回专卖，垄断铸钱，管理山林水泽，并收山泽税。这一共是五项，加上国家负责的“五均”、“赊贷”，就称为“六管”。

王莽还多次改革币制。

王莽的新政因为不适应社会需要，因此激起外患内乱。公元23年，绿林起义，直捣长安，王莽被杀。

从王莽所作所为，如果不是其改制政策不合时宜而失败，那么他并没有作什么特别的坏事。然而王莽因为是篡夺了汉朝的正统权位，历来被史书谴责。所以他的名声并不太好。

从王莽的故事可以看到，复古的风险很大，做人做事还是“识时务为俊杰”。

历史不能再来一次，但是可以重新写一遍。所以，现在重写历史、改写历史和胡写历史、乱编历史的，都出现了。

对历史的回顾和改写也自有其道理，可以引以为鉴，启迪未来，而有道理的事就可存在。正如黑格尔说过，凡是存在的，都是合理的。

有诗为证：

选择即为历史，悔恨无济于事。
果真想要再来，不如立鉴后世。

喜新厌旧的历史意义

回想起与旧的传统彻底决裂的文化大革命，又看看四处冒烟的复古思潮，看来，在新旧文化之间的“跷跷板”还要跷下去。

历史的恋旧情结是费力不讨好。老是“顾后”，必定会耽误了“瞻前”，朝前看总比朝后退更有意义，而现实都是“喜新厌旧”的。读欧洲史时就知道，欧洲的文艺复兴形式上的复旧其实质是革命，是与中世纪传统的决裂！

中国改革三十多年了，经济发展成就不可否认，政治体制改革随之提上议事日程。然而，依我看，文化革命也必须随之展开，这里说的是真正的文化革命，不是上一世纪那种伪文化革命的文化反革命。

生活在21世纪的人，能够看到新陈代谢的迅速进展是非常幸福的。就在十几年前，这一点都是难以想象的。

钦差大臣气派
走马观花吃菜
忽然有人告状
县官急得直拽

钦差

冤屈

告状

钞票越多越好，钟与绿帽瞎搞

现在，由于科技革命的深入，我们能够在一辈人时间内几乎经历了从“刀耕火种”到改造基因的人造人时代，这意味着我们浓缩地经历了几千年的人类历史。

我们所处的时代是一个伟大的时代，是一个人类将取代上帝，改造自己命运的时代。计算机技术的产生使得体现人类价值的人类思维有了比现存的肉体更科学的载体，也许我们终于可以实现人类梦寐以求的永生。但是，我们永远不要忘记，人类的存在与发展，其意义在于不断进步和创造，守旧、倒退意味着死亡，即使那躯壳还存在，也是毫无意义的。

试想，人是什么？其实就是大脑中的信息，躯壳不过是存储这些信息的载体。人类曾经发明了语言、文字和印刷来保存自己的思想，但那都是有限的。计算机则使我们看到，终究有一天，人类会发明一个更强大、全面、灵活的载体来保存、发展、运行我们的信息，在那一天，人类就获得了形式上的永生。

但是，那与现在其实没有什么两样。因为，生命在于运动，在于创造，如果没有创造，只有固守传统，那么即使有了在机器人身上的永存的灵魂，也只是停止、落后的意识，一个无限循环的怪圈——而这与死亡无异。反之，过去和现在的人类，个体生命是有限的，但是，通过个体的新陈代谢，一代传一代，思想不断发展、进步，这样才实现了生命的创造意义——这是上帝造人的本来意义！

有诗曰：

旧有旧的美，新有新的醉。
新陈要代谢，本是世之规。

第七篇

中国时尚十八怪

房奴车奴好恐慌，月光下面无私房

当今中国开放，世风变化很快。

吾一言以蔽之，长幼已是隔代。

一曰时代不同，新生已是主宰。

二曰独生一代，独立不离依赖。

三曰90、00，文化已经西派。

四曰讲究实惠，感觉引导存在。

五曰不知历史，传统一片空白。

六曰口味洋化，西餐催肥一代。

七曰开放暴露，性感最受关爱。

八曰通俗流行，高雅很是无奈。

九曰狂热追星，粉丝如痴如呆。

十曰时间闪烁，结婚离婚都快。

十一恋爱女生，男孩不坏不爱。

十二关心理财，股票基金房贷。

十三都搞按揭，没钱也要住宅。

十四超前消费，月光掏空钱袋。

十五都是网虫，蜗居虚拟世界。

十六游戏高手，“三国”“征途”“偷菜”。

十七新式阅读，手机IPHONE平台。

十八周末回家，啃老！蹭饭！拜拜！

苦读诗书真可怜　　不如上网变神仙

性感时代

美与丑没有一定，实在是萝卜白菜，各有所爱，众口难调，难以统一。极端地讲，以古代美女与现代美女相比，可以归结为“小与大”两个字的PK。小时候，学画画，看古人仕女图，一个个都是樱桃小嘴，小巧玲珑；随着时代前进，丰衣足食了，胃口也越来越好，现代美女与古代美女完全相反，讲究一张大嘴。

有一次，朋友托我介绍女朋友，我诚心实意地介绍了一位我认为很漂亮的美女。谁知，见面以后，朋友气冲冲地责备我，说我如果不是有意作弄他的话，就是美学观念严重失调。因为，他见到我说的美女，实在是一个丑女。

我无语了，深知感觉差异极大，美感难以统一。从此以后，不再为他人牵红线。

那以后，我常常想人类还有没有统一的审美标准。

有一次，参加文艺晚会。几位美女几乎是裸身劲舞，台下狂呼乱叫，回头一看，身边的少男少女，都是“男士越穿越多，女士越来越少”。我突然明白，现代人的美就是裸，就是性感。有了性感的统一标准，古代美女与现代美女就统一了。例如，姚晨以大嘴著称，美不美？性感。宋祖英嘴小，美不美？性感。两人都是美女。

人民大学出了个苏紫紫，将性感的秘密发展到登峰造极的地步，她无所畏惧地赤身裸体接受男记者的采访。她盯住男记者问道：我敢于直盯住你的眼睛，可是你不敢盯着我的眼睛。

苏紫紫看透了人的内心，也看透了现代人的美。

从难得糊涂到糊涂时代

一个人往往是在经历了挫折之后，才会满腹伤感地叹息：“难得糊涂”。因此，民间有句俗语就是“傻人自有傻福”。

因为天生的傻人还是少数，大多数不傻的人和极少数聪明人都不会心甘情愿做傻人，享傻福，因此，为大多数人民谋利益的统治者就持之以恒地、绞尽脑汁要将“傻福”赐予“傻民”。

西餐催肥（摧毁）一代

人人都是超载（草袋）

水中月儿亮如钩

股民都是捞月猴

一生积蓄全泡水

何日老牛啃回头

股市

商纣王实施“傻民政策”的办法是“严刑苛法”，贤臣比干因此被开膛破肚。周厉王接着干，也是有名的暴君，他“暴虐侈傲”，将一切异己之词视为“造谤”，派遣特务监视人们，以此“禁谤”，敢于说真话的格杀勿论，国人因此“道路以目”。

最肆无忌惮的故事是“指鹿为马”，“明明是鹿硬说马，你说这人傻不傻。”最惊天动地的举动是“焚书坑儒”，你想读书明智，我就烧书，看你怎么办！

秦始皇用残酷镇压的方法，没有达到全民变傻的目的，不久“坑灰未冷山东乱，刘项原来不读书”，秦到二世就亡了。

汉武帝接着干，但换了一种方式，从正面的舆论引导办法进入，辅之以严刑苛法，采取“独尊儒术”的办法。这一方法果然有效，绵延几千年，直到今天还在发挥着“维稳”的作用。

郑板桥读懂了历史，所以他在写“难得糊涂”的字幅时，附题了一行款跋：“聪明难，糊涂难，由聪明而转入糊涂更难。放一着，退一步，当下心安，非图后来福报也……”

郑板桥的意思是“糊涂比聪明难”，这是意味深长的人生道理。特别是政坛上的事，都是言不由衷的。李世民是古代难得的明君，但魏征批评他也没有什么好果子吃。

大跃进的时候，难道中国人都是傻子，都相信亩产几万斤粮食？不敢说真话而已。可是偏偏就是有那么些人不肯装傻，要说真话，结果就是打成右派，看你敢不敢说，终于没有人说话了。大家也就得过且过了。一般人因此得出结论，以为是“傻人自有傻人福”，凡事不要太认真，特别是涉及政治问题的时候。

在生活中也是一样，凡遇到涉及他人利害得失的事，一定要装糊涂。太精明的人，斤斤计较的人，必定得罪人，引来麻烦。

于是，世代相传，终于得出教训：难得糊涂。

到了现代社会，改革开放了，我原来以为，应该是聪明时候了吧，没有想到，大家更傻了。年轻人唱着“糊里糊涂的爱”，“说也说不清楚”；引起我想起“莫名其妙的恨”，想也想不明白。

看来，糊涂还是高于聪明，装糊涂是真正的聪明。

不求甚解与浅阅读

东晋大诗人陶渊明说他读书“不求甚解”，“每有会意，便欣然忘食”。老陶真是一个大才子，一语道破了读书的“天机”。

读书，直观地看是为了增长知识，然而，“学而不思则罔，思而不学则殆”，可见读书更深层的目的是为了思想。知识是别人的，静止的，只有变成自己的、运动起来，才是思想。这就是老陶“每有会意，便欣然忘食”的来由。读书明理之后，目的就达到了，不要再拘泥于书本的与我无关紧要的其他东西。

然而，有一些以背诵为荣的无聊人，能把电话号码本背出来，能把圆周率背到天文数字，这些人就是一种记录机器，与录音机没有什么差别。但思想“机”就不一样了。

过去我们阅读通常是读书，从文字获取知识，信息时代的阅读已经出现了变化，那就是多媒体的信息传播和阅读。这自然引出一个结论，如果阅读是为了吸收知识的话，那么最便利于吸收的方式就是最好的吸收方式。实践证明，声像文字并茂的电子阅读，能够激发人们的多种感

大家都是网上客，真名实姓不负责

有缘千里来相会，无情对面不认得

大树下面好乘凉

啃老一族没商量

官同时活动，因此，也能够同时从不同方面吸收知识，化深为浅，一看就懂，比枯燥的引起昏昏欲睡的单纯文字阅读要有效得多。看来这种阅读是趋势，你说它“浅”，它可能要笑你傻。有利器不用，而要固守钝器。看来，不久将来的阅读革命是不可阻拦的了。

然而，计算机的发明不仅仅带来信息吸收的革命，更重要的是它是颠覆人类生存与发展方式的最伟大的革命，它使人类思维有了新的更为方便、灵巧的载体，使思维得到可持续发展的个体形式。我们可以看得到，一旦出现可以保存思维运动或者说是动态的思维的计算机，那么，人类就进入一个自我设计、改造生命并使之永恒的伟大时代。

生活在这一伟大时代的人，应该不断发展、提升自己的思维方式，更新自己的思维成果，这才能与持续的生命保持一致。因此，活到老，学到老，是我们这一代的生活方式；否则，就只能是逐步失去灵魂的躯壳。

有诗曰：

读书事理明，不求记得深。
随带“掌中宝”，开机就有用。

第八篇

中国经济十八怪

都说经济落后，外国好不奇怪。
连年结构调整，粗放模式犹在。
一曰发展快速，结构失衡不改。
二曰鼓励致富，贫富悬殊天外。
三曰总量拔尖，人均远在后排。
四曰西部落后，沿海已在现代。
五曰藏富于民，消费几乎歇菜。
六曰国民待遇，外资又要超待。
七曰GDP好，市长都忙竞赛。
八曰城市膨化，民工户口无奈。
九曰楼价畸高，泡沫超过迪拜。
十曰股市动荡，股民心脏气坏。
十一美国保护，中国越放越开。
十二汇率欲稳，老美硬逼上拽。
十三通胀发力，财政增长更快。
十四外储第一，尽买美国国债。
十五制造大国，自有专利何在？
十六金融危机，只怨中国勤快。
十七内需不足，组团出国外买。
十八人才外流，留守建了山寨。

中国股市十八怪（一）

企业还在改革，股市先行不该。
驱使赌徒心理，资金如潮涌来。
开市股价打折，忽如一夜春来。
六千说上就上，一万要来就来。
刺激十分热烈，全民都上赌台。
从此不管经济，忽上忽下打摆。
上市指标值钱，圈钱就赚回来
不讲信誉作假，业绩都是编排。
证券公司最坏，好歹只赢不败。
股评有如刁吏，引蛇出洞狠宰。
大盘暗中操作，跟风必定认栽。
老头一生血汗，无声沉入大海。
疯狂挪用公款，赔惨就上刑台。
股市疯涨不已，大祸已在门外。
人民日报急了，老子不准乱来！
股市一蹶不振，股民跌死不卖。
几年萎靡不振，终于慢慢明白。
经济决定趋势，短期可能摇摆。
最后奉劝一句，成败在于心态。
投资都有风险，不要听我瞎掰。

中国股市十八怪(二)

老总出差不回来，举手不成拿脚踹。
融资圈钱一样坏，要想赚钱别进来。
重组假戏一台台，一优两坏三不在
违规总比监管快，黑嘴骗钱象比赛。
亏损公司涨得快，新股好坏都能卖。
公司上市就学坏，业绩就怕阳光晒。
小道消息传得快，营业部里论成败。
融资到手耍大牌，千呼万唤不出来。
三天两头闹股灾，一亏就是好几代。

中国企业十八怪

企业改革卅载，企业多元形态。
垄断国企气派，民企实在无奈。
投资一马当先，消费总在歇菜。
高速纵横全国，路面刚建就坏。
稀土乱挖贱卖，美日还催加快。
钢铁世界第一，矿源却在国外。
汽车超过美国，国产只是车盖。

结构失衡难搞
火车想要快跑
投资冲动
税收猛增
外储超重
国企独大
GDP世界第二
分配不均
消费不足
山寨产品
教育不足
GDP
GDP强市
就业难
燃料短缺
食品安全
企业亏损
需求不足
工资上涨
涨价

手机全球称雄，三鸡互相拆台。
创新很难出头，主意都是山寨。
创业板上有名，圈钱走路飞快。
城市化催住宅，房市节节高开。
影视都插广告，春晚就是总台。
老总有钱笑开，工人跳楼讨债。
凡有问题之处，一查就是腐败。
硬说垄断有功，效益敢问何在？
明明问题成堆，面上成就掩盖。
动辄要交学费，亏损好像应该。
眼见公司衰败，跳槽再赚外快。

中国经济学家十八怪

中国经济学家，雷人说不存在。
俺也说是传说，实际见怪不怪。
一曰源出马列，资本论的后代。
二曰唯我正统，研究就是文摘。
三曰固守经典，修正都是妖怪。
四曰怀疑一切，唯我革命左派。
五曰山头重要，出身决定成败。
六曰鄙视实务，闭门不问窗外。
七曰改革开放，全部西装领带。

八曰西学东变，立场转得很快。

九曰文风突变，数学第一主宰。

十曰都搞模型，实践早已忘怀。

十一文章不少，投稿最迷国外。

十二目标执着，诺贝尔奖最爱。

十三鄙视国人，唯一西洋崇拜。

十四人云亦云，管他真理安在?

十五不敢创新，都从西方贴牌。

十六动辄万言，著作充斥麻袋。

十七剽窃成风，睁眼否认耍赖。

十八身份真假，考证要听国外。

改革发展真快，就是没有脑袋

中国自古以来，文化特立独行，不同于西方，近代因故落后于西方，志气沮丧。近二十多年改革开放，虽然功成卓著，但很多学人学术上却没有志气，全盘照搬西方，鄙视自己创造。香港雷人丁学良曾有惊人之语曰：中国没有经济学家。但一场如此广泛的社会运动，竟然没有经济理论指导，这无异于说，三十余年改革发展是一场没有脑袋的盲动，可气可泣。

事实上，国外有所谓“中国经济增长之谜”说，其原因恰恰就是因为中西国情不同，所以，中国盲从西方者无一成功。而经过自己探索，历经失败，矢志不移，终于有改革开放之路取得令世人瞩目的成功，其间理论建树极有价值，只是短视无知的崇洋媚外者拒不承认而已。

故有诗曰：

改革发展真快，不知原因何在。
大家都是盲动，因为没有脑袋。
忽听隐士开颜，五个海龟归来。
大家慕名听讲，就是不甚明白。
都说西天凉快，河鱼不如海带。
真的亲口一尝，滋味有些见外。
中国贸易顺差，美国大放国债。
雷曼已经倒下，两房尚在徘徊。
奥巴马力不够，美元日益气衰。
请求中国支持，猛持美国国债。
标普突然发飙，全球目瞪口呆。
格老嗤之以鼻，印刷美元很快！

诺奖顶礼膜拜，实践谁人理睬

由于海归的极力宣传，国内对诺贝尔奖的崇拜到了登峰造极的地步。虽然国外早有人说，中国经济改革发展实践已是成功卓著，只要加以理论总结，就可获诺贝尔奖；但中国学者往往自惭形秽，集体丧志，不以推动中国发展为使命，而孜孜以求期盼着获取诺奖。

干打雷不下雨
多年打工忙
总是门外汉
户口
城门难开
中国出口
美国海关
贸易保护
反倾销

五四时期：一些西派学者，全盘否定中国语言，指责其声音不动听，文字非拼音，这一说法虽然未成现实，但影响甚广。

就是共产党也深受其害。上一世纪从苏联海归的28个半布尔什维克，全盘否定井冈山沟的根据地，结果是海归者惨败，毛泽东脱颖而出。后来中苏都进行改革，结果也是中国模式优于苏式。

看来，海龟并不那么灵，而中国“在干中学”，至少到目前还是比较成功的发展模式。

故有诗曰：

国内不停做实，海归却很意怪：
中国经济身躯，却无思维脑袋。
经济学家了得，但要西方指派。
如果海归不回，只能安心等待。
最高要拿诺奖，至少也要文载。
如果不幸没有，你就还得忍耐。
中国虽然发展，功在西学推介。
如果固执己见，诺奖不给你戴。

诺贝尔奖获得者克鲁格曼到中国的时候，中国的经济学家有些诚惶诚恐。但是，克鲁格曼似乎很不给面子，开口就指责“中国贸易顺差是政府干预的结果”。

中国的经济学家不敢异议，还好遭到龙永图先生的反驳。按某些人的定义，龙永图应该不是经济学家，也许正因为如此，他才敢于反驳西方经济学的泰斗。如果龙先生是经济学家，恐怕为了保住经济学家的桂冠，也禁若寒蝉了。

这的确值得思考。中国的经济学家是以西方老师是否认可学生作为标准的，自然不敢反驳老师。所以，在中国经济改革取得显著成效的时候，西方经济出现了危机，中国经济学家也不敢说美国的不是。关于中国人储蓄过度引起美国的金融危机的言论一度得到中国经济学家的认可，而奥巴马的冒天下之大不韪的极端贸易保护主义倒是没有人指责。为了解除危机，有的主张将外汇储备分了，有的主张只有购买美国国债……就是没有人敢指责不公平的国际经济秩序是以发达国家的利益为标准制定的。中国大生产，美国印票子，这样简单的秘密居然没有中国经济学家发现，难怪说中国没有经济学家！

理论的价值

理论的价值不在胡侃，而在于实践。而要指导实践，理论就要创新，重复他人的思想人皆可为，只有独创的、超前的、具有预见性的思想理论才具有价值。

真理不分等级、民族、职称、贵贱，等等，这句话本身应当是“绝对真理”，但从实际考察，好像又不是！因为在一些不敢直起腰说话的人看来，如果哈佛、牛津说了是，你再说否，那肯定是你在说大话。

钱学森问“为什么中国培养不出创造性人才”？事实的回答是：“因为体制、习惯、私利和自闭每日每时地封杀着创造性人才，崇洋媚外就是表现！”

中国人的“崇洋媚外”是触目惊心的，其危害足以毁灭民族精神。

只有五个海龟
教书就是一把刀，理论创新只等抄
造舆论
宣传
引导
了秘书，
经济学家呢？
抄窃
资本论注释
教科书
宣传灌输
马恩列 斯毛邓
改革只是盲流，不知东忧西愁

近来，史上最大的“蓬齐骗局”故事正在上演，很值得深思。

“蓬齐博弈”是说如果有些人通过不断借新债还旧债的形式，可以使其终生的消费现值超过其终生资源——这对中国太司空见惯了，可以说中国古已有之。中国有一些文盲村姑早就知道运用借新债还旧债的办法，骗人集资。这种古老的骗钱办法是尽人皆知的，但一直没有什么名声。直到大骗子“蓬齐”的把戏出来后，才有了一个文绉绉的术语“蓬齐骗术”［1920年，在美国，查尔斯·蓬齐（Charles Ponzi）实施的骗局］。

看来，在西方文化决定论的支配下，连犯罪都不能以中国人的名字命名。中国的村妇高息集资，只能被抓判刑，只有外国人才有资格趾高气扬地叫“蓬齐骗局”。为什么？估计是因为中国村姑的骗术，没有经过数学论证，建立数学模型，因而是自发的、粗鄙的，不值一谈。而蓬齐的骗术却是经过数学论证的经济学——用无限的未来骗的钱来支付有限的已经骗来的钱的百分之几的利息，显然是没有漏洞的精巧的金融管理术。即使是欺骗，也是高水平的艺术性欺骗。就像相声说的，中国人得的病都不如外国人，中国人得什么粗俗不堪的麻风、癞子，而外国人得的是高雅的“爱之病”。

虽然金融数学家以“非蓬齐博弈条件(No-Ponzi-game Condition)”否定了这一“金融创新”的可行性。然而，刑不上大夫，对于创造游戏规则的美国来说，打绿白条（美元、债券）骗中国人的钱消费确实是非常优雅的生活方式。而大方的中国人还在不断地收购其绿白条子，以至于美国人以为这是天经地义的自然规律。因此，大名鼎鼎的诺贝尔经济学奖获得者克鲁格曼，居然以全世界人民的名义指责中国巨大的贸易顺差是不可接受的。我不知道美国人不断地超前消费、借钱消费造的孽，为什么可以接受，中国人勤俭节约反而不可接受？也许是克氏觉得“中国人本来不富裕，这样骗中国人也太缺德了，而缺德的人死后上不了天堂”，所以以反话的形式要中国将美国的绿白条子甩出去！

真正不可接受的是，“蓬齐博弈”实现的条件是假定超前消费的美国人可以无限地活下去，这样才能在以后可以无限推移的时间中去挣钱，用以支付他们已经超前消费的、中国制造的大量产品。在他们还清债务之前，不准死去；如果要赖死去，上帝也不准他们上天堂，而只能到地狱去。

有诗曰：

骗局也有贵贱，实在不敢埋怨。
谁知崇洋媚外，如此害人匪浅。

真理是孤独的

创新的艰难在于社会评价的偏颇，不幸的是，真理经常是孤独的，大多数人总是人云亦云，随大流。在一个物欲横流的年代，孜孜不倦地追求真理更被视为怪物，你注定要饱尝“好心的”冷嘲热讽，甚至是“居心叵测”的打击陷害，个中原因只有亲历者自己才知道。

我几乎一辈子生活在这种“无微不至的关怀中”，想开了，反正既是“小小寰球……就总有几个苍蝇碰壁”，也就熟视无睹了，实在忍无可忍就给它一巴掌，然后美美地睡上一觉。

当工人的时候，因为读书求知被同事、司机、炊事班长、办公室

话语权

评级

东方无语西方说

文化

准则

惯例

USA

西方都是宝

中国只长草

小姐视为“癞蛤蟆”；读大学的时候因为不上课、跳级、转系、提前考研，被金陵红男绿女们视为另类；在财政部时，一位姓朱的“领导”因我不时有“惊人之说”，因而想要给我加个“私有化的大帽子”，在《财政》杂志上拉开大批判的架势。慢慢地我觉得这就是人生之规律，对此现象也就无动于衷了。

到大学工作，原以为从事教育者应该都是状元、殿元之类，没想到充数的滥竽多到使你反而成了高音独唱。而且，现代的滥竽们绝对是恬不知耻，比你还牛逼，好像你不幸游学世界名校，反倒是二百五。那些酗酒的、烧饭的、捞外快的，时刻要装出一副“地头蛇”的模样。在人多势众的压力下，你不得不夹着尾巴做人，经常躲进小楼自成一统。

记得有一次学校党委会上，书记不准贷款建设，我忍不住笑，故意不说话，让他去胡说八道……我一度很奇怪：那只装满美酒香烟的厚嘴唇中，居然能吐出那么多令人作呕的字！心想告病早退，未遂。只好最后发言，传统教育又使自己无法昧着良心赞成愚蠢的意见，只好一边说个人反对，一边坚决要求诸位不要与我同流合污，必须按照少数服从多数原则，否定我的意见，并请记录员记录在案……不过，半月以后，形势所迫，党委重新开会，一致要求回到我的无产阶级革命的正确道路上来！

这样的事情多了，你会渐渐发现自己经常处于莫名的孤独之中。因为虽然真理最终代表大多数人的利益，但是它往往掌握在少数人手里。可恨的是我们的道德观念，不允许我明知真理而不坚持，于是，只有长期地与孤独为伴。

后来与一位德高望重的高层领导谈起地方工作经验，回顾我曾经工作过的学院工作，我的目标是正确的，道路也是可行的。我曾经苦口婆心地举例子说服干部群众，中南大学历史并不长，采取优势资源重组，迅速壮大，在湖南超过老牌的湖南大学，成为全国名校，时间也不过十年左右。原因何在？融入地方，依托企业，引进人才，攻克尖端。与我提出的“校市相融，校企合作”，“高点起步，以点带面”是英雄所见略同。

不难想象，任何大学，如果积聚一批优秀人才，在社会科学和自然科学两个方面拿下世界难题，我不知道有什么理由不说这个大学是名校？难道只是因为没有北大那么多高楼、钱财？西南联大不是就几个茅草房吗？中国社会科学院研究生院不是仅仅只有三栋低矮的小楼吗？

从“科研”经济学看，人类发展都是站在巨人的肩膀上，这是唯一可行的发展战略。试想每一个人都要从钻木取火到量子力学从头来一遍，人类还可以成为人类吗？

爱因斯坦在做学生的时候，算老几？老末！他的老师认为他竖子不可教，以至于其他学生都留校，我们可怜的老爱只能勉勉强强到瑞士的伯尔尼专利局（比三百万人口的柳州市的专利局还差）混个小职员。此时老爱一定比中国一所普通高校的讲师那样的土鸡还飞得低。

可是老爱不信邪，而且懂经济学，他知道如果他要先谋求进个破大学，可能要求爹爹拜奶奶花个几年时间；再要混个讲师、副教授、教授，又要花一二十年；再要混到牛津、剑桥的教席，恐怕一辈子都少了。于是乎老爱不再考虑人类已经知道的东西，而是从人类不知道的开始，穷根究底，胡思乱想，终于在他26岁那年的一个夜深人静的晚上，寡学（老爱肯定没有他的老师读书多）乏术（老爱肯定没有他的同学那么乖巧）的老爱在纸上随手写了几个公式，大言不惭地拿到物理世界去显摆。不料，后来的世界乱了套，连诺贝尔专家都傻眼了，不知如何是好，奖也不是（因为看不懂），不奖也不是（因为想装懂），只好将其次要的成果送了个破奖！白手起家的普林斯顿（当时肯定比中国任一大学还差）与老爱是一样货色，于是乎，照老爱这个宝葫芦画瓢，直接请专利局小职员老爱当教授。老爱得来全不费工夫，自然首肯；而普林斯顿大学也一步登天，混了个老子天下第一！

尽管如此，追求真理者并没有好下场，虽然他总是给他人带来幸福，但是他命中注定不会停滞不前，还要继续探索，所以，他永远是孤独的。

有诗云：

既把真理追求，就得负重忍受。
独到必定超前，先知仍需苦斗。
只因民重现实，难得随你怀忧。
待到阳光普照，方得天下同祝。

第九篇

中国教育十八怪

奇花异草
教育部
评估如割草
高校一盘棋
全国一般齐
评估一把刀
专斩奇花草
教育对手赛
两校永不败
观众都睡熟
港澳可例外
北大
清华

中国学者十八怪

中国教育真怪，吾辈看不明白。
据说又要改革，不知何年可待。
一曰科教兴国，财政有些尴尬。
二曰变身产业，收费疑似腐败。
三曰领导为官，行政官位气派。
四曰校长负责，书记不肯凉快。
五曰教授治校，委员都有顶戴。
六曰学术研究，领导领导永在。
七曰评估划一，特色就是搞怪。
八曰学校合并，大家一个品牌。
九曰校史笑死，据说都过千载。
十曰近亲繁殖，同堂少说五代。
十一内部关联，亲朋戚友裙带。
十二科研第一，成果只比文摘。
十三人才评价，文凭高于能耐。
十四文章抄袭，打死也要耍赖。
十五西学中心，权威都要海派。
十六高考命定，独木桥上摇摆。

十七连年扩招，学生挤破脑袋。

十八校园扩张，经费都靠借贷。

理论专家下笔快，不问实践问国外。

哲学专家思维怪，钻进牛角出不来。

经济学家讲实在，抓住机遇捞外财。

政治学家讲成败，黄赌越治越公开。

军事学家不言败，大话激扬东南海。

社会学家看得开，乱性同性都应该。

法学专家敢表态，房屋拆迁要加快。

教育学家很无奈，脱离实际不表态。

艺术专家激情来，天体运动最潇洒。

历史学家胡编排，张冠李戴下饭菜。

文学专家名声在，新闻不如绯闻快。

美术专家最潇洒，下笔之处是钱财。

医学专家好舒泰，有病无钱莫进来。

语言学家反应快，MMQQ不明白。

音乐专家好声带，一唱钱财滚滚来。

科学专家也上台，气功食疗可信赖。

改革专家最有才，一切都听我安排。

实干专家最无奈，功劳没有过失在。

大学十八怪

为读重点人急坏，第一公关选地带。
少男少女谈恋爱，激情冲破安全带。
周末老师挣外快，课外补课做买卖。
作业可用车来载，书包变成玩具袋。
体育放松身体坏，个个都把眼镜戴。
盲目追星搞崇拜，粉丝追到云天外。
迎来送往讲气派，学生心理深受害。
名牌不够找贴牌，不比本领比穿戴。
电视电影传教带，武打鬼怪加情爱。
大手大脚超支快，回家要钱如讨债。
上代都为下一代，爷爷奶奶大门外。
学校缺钱靠借贷，家长无故遭摊派。
教材回扣人人爱，作业文凭照样卖。
枪手身价都公开，考试莫急有人代。
汉语教授学老外，回国忘了四声带。
学校社会分不开，关系第一不慢怠。
学子不知长辈爱，父母心身都累坏。
在校几年过得快，出门饭碗要等待。

大学
收费
财政
创收
贷款
教育一平台，四柱共同抬

校长
书记
处室
长官
大家都做官
教育就是管

教育改革改什么

也许历史开了个玩笑，中国的改革从教育制度改革（高考改革）开始，还要从教育结束。因为三十年经济体制的改革促使上层建筑与时俱进，改革计划经济的最后堡垒教育制度已经不可避免。教育者首先需要教育，否则，以己之昏昏，岂能让人昭昭？

中国教育界实在是太缺乏教育了。大学老师嫖娼、抄袭，伪造身份、学历，这些难以想象的事都发生在教育界。最近北京大学、清华大学接连出了好几桩抄袭事件，几十名学者要求有关部门出面解决，竟没有任何回音。抄袭剽窃者在某种势力的保护下，有恃无恐，你指责你的，他照抄他的，你能奈我何？

杨振宁说："中国的大学生质量是高的。"但钱学森反问道："为什么我们培养不出创造性人才？"联系两老的似乎互相矛盾的说法引出的结论却是可悲的，那就是：本来可成才的学生（在大学的培养下）成不了才。

从我的经验看，到美国去的中国大学生质量的确是不错的。在斯坦福大学，有几个来自国内的博士生的确很优秀。可是在国内为什么难以成才？原因在于：中国的教育管理制度，全部大学都由教育部一统天下，实行计划经济时代的灌输式教育，已经被实践证明是无法培养出合格的人才的。在灌输式教育体制下，无论对什么问题，老师强制性给出标准答案。这种教育方式，不仅不能培养创造性人才，反而是压制、摧毁创造性人才。钱学森的问题只是描述了一个事实而已。

学生是无辜的，问题在于教育制度。北大、清华之所以牛，是因为他们的学生本来就牛（通过高考，网络天下英才）。这些学生根本不需要教，自己就能学得很好；而事实上，那里的老师不一定有真才实学。

相比之下，美国的大学教育提倡自主性的学习，没有老师强迫你学。学生因自己的兴趣（或社会的需要）读书，个性得到充分的发挥，创造性得到培养。

当然，由于不存在强迫你学的现象，一些学生就不自觉，天天玩，多少年也不毕业。因此，一方面多数人学习成绩不是很好，少数人却如天马行空，其才干得到充分发挥。如比尔·盖茨大学没毕业就创业，还是世界一流。他实际上学习的知识和能力远远超过大学生。谷歌的创始人谢尔盖·布林也是一样，在读书时就在创造，斯坦福还提供条件，结果促使其一发而不可收。

反之，中国学生考试成绩都不错，但是，这是通过向标准答案看齐的灌输式教育方式得到的结果，是扼杀创造性的结果。而创新就是不同于前人，就是打破标准答案。实际上，中国文化传统中存在很多对打破常规创新的障碍，敢于创新者会被另类看待，不仅在学校，在社会上更是如此。

我对教育的思考从学生时代就开始了，那是环境逼迫的。因为文化革命时期无法上课，只能靠自己学（与美国教育方式相似）。这种环境迫使我敢想敢说敢干，从实际出发，发现问题，解决问题，主意多端，从不崇拜权威。

当我从事教育工作的时候，我针对当前教育制度的弊端，特别提出：要与企业合作，与社会合作，培养社会需要的人才。我曾大胆地采取“以点带面、高点起步”的方式抓重点、带全面。这些探索本应得到重视，但是，在当今教育制度下，特别是在落后的地方，处处受阻。近来看深圳南方科技大学的改革，先是很鼓舞人心。但观望了好久，读到其章程，基本制度不改，看来，“出师未捷身先死”是必然结果。

有诗曰：

落后不可怕，只怕人发傻。
明明有出路，迈步就害怕。
可恨昏官吏，无知又扈跋。
私利害公益，创新遭打压。

“官本位”与“去行政化”

在社会转型时代，政治家的作用是很大的。因此，在一定意义上，现在的“官本位”也难以避免，在这种局面下，“去行政化”必定是举步维艰。

既然现在还难以摆脱“官”的“管”，那么选一个好官，就比上来一个坏官，幸运得多。当前的时代仍然处于从革命时代向建设时代过渡的阶段，在高校什么样的“官”才是好官？我以为，可以如此概括：在任能“修齐治平”，退下可“琴棋书画”；用人们常说的一句话就是，“在岗可当领导，下岗可当教授”，有这样的修养和能力，可谓人才，这当然是理想。

然而，学者式的官员，经常被认为比不过那些读书不多，但能够在基层摸爬滚打的官员。其原因在当官要联系群众，而联系群众就需要减少书生气。

令人犯难的是，到过基层的人都知道：文化人往往有点高雅，这很不利于深入群众。如果你既不抽烟不喝酒不谈黄段子，又具有“阳春白雪”的价值观念和思想感情，不接近“下里巴人”，那么这不仅会阻碍你深入群众，而且会由于有意无意之间表现出来的不同于一般群众的审美意识、欣赏习惯，加大与群众的距离。群众往往不认同你，认为你看不起人，高高在上。只有痛改高雅的缺点，深入群众，与群众的喜怒哀乐同化，才能与群众的距离接近。

教育体制改革的焦点在于大学的管理制度，现在大学里的很多怪事都与领导体制有关。焦点在于目前实行的“党委领导下的校长负责制”。一个奇怪的现象是，校长通常是专家学者型的领导，而书记往往是不问素质什么人都可以担任，这就给那些素质低下者开了绿灯！一位经验丰富的教育界领导说：由于校长的职权是务实的，书记的权是务虚的，所以，凡是发生所谓党政不和的，通常是因书记不满足于务虚，要争行政实权引起的；很少有反过来校长要管党务的。从职责看，党委书记个人不能干预行政工作。然而，事实上，很多党委书记的兴趣恰恰不在党委工作，党不管党，而是在行政工作，特别是与人财物相关的行政工作，其秘密就是有利可图。经验证明，对那些千方百计要抓行政工作的党委书记，只要深入调查马上就可以发现，其真实目的多半与腐败有关。

有诗曰：

当官不为民做主，只因内部有硕鼠。
与时俱进改旧制，期盼教育有新举。

谈谈教授治校

深圳南方科大校长朱清时接受聘任，说将在5-10年内办出一流大学。朱清时主张“学者治学校”、“去行政化”。他将南方科技大学目标定位较高（高点起步），计划经过若干年的努力，办成国际知名的高水平研究型科技大学；坚持以“小规模、高水平”为建设发展原则，师资50%以上由海外引进。但从目前的运行情况看，“五年计划”几乎肯定要落空，因为他面临的阻力实在是太大了。

仅谈“教授治校”，以前也尝试过。中国历史上办得最好的学校就是这样做的。蔡元培任北大校长前，北大是一个官僚化的机构。蔡元培上任后，让官员不要管，实行教授治校，请了李大钊、陈独秀、胡适等一代风流人物，最后把北大建成一个学术非常民主的高校。

西南联大是抗战期间北大、清华、南开大学在昆明组建的，也采用“教授治校”的模式，当时校长叫梅贻琦，教授开会，他就是给教授端板凳的人，组织教授开会协商的人。实际上，国际上的一流大学都是这样做的。

然而，现在的环境，能够允许我们搞“教授治校”吗？即使能，朱校长的“海归情结”也难以保证他的目的实现，因为，“人才”与“海归”不能划等号。

一个有趣的例子是：蔡元培的“人才”，如陈独秀、李大钊，大多是弄虚作假的“学历”，也不是“海龟”，无非是想骗骗国人“崇洋媚外”的耳目，引进真正的人才。如果当年蔡先生也有海龟情节，那“北大”就根本不是“北大”，正如现在的“北大”不是真正的“北大”一样。

有诗为证：

教授治校好，只是做不到。
有了官本位，当官最重要。
呼唤海龟归，其实很搞笑。
水土不一样，新符亦旧桃。

从硅谷看科研精神

走遍五湖四海、天涯海角，学习、思考、见识多了，感慨自然也越积越厚。在庄重典雅的斯坦福大学，朴实、静穆的建筑，隐隐约约于绿叶丛生之中。此起彼伏的研讨、演讲会，随处可见独行特立的著名学者，陌生人之间有礼貌的招呼，没有城府的坦率的征询和建议，我不由得肃然起敬。比较中国高校，真是天壤之别。

在这里，不必担心思想超前而脱离群众，不必忍受志趣清高的苦痛，不必强压真理服从虚假以求妥协。在来自世界各国智者的言语中，只有盲从、教条才被人看不起，创新思想则备受称赞；贪吃、酗酒、愚昧、下流已经远离高等学府，只是逃犯聚集的suberb故事；在校车上看到肥胖的黑人司机走下车，彬彬有礼地搀扶残疾人上车，令人感动不已。

智慧与美德是天生的姐妹，“好高骛远”、“说大话”自然成了“胸怀广阔，志存高远”的同义词；主意多多益善，敢想敢说敢做是人们追寻的境界。我终于体会到硅谷崛起的基础和本质，在于人才的素

学问不在深浅
亲疏要看路线

书中自有金屋娇
四千万元能成交
教授语录

见我要有四千万

通胀
民生

实践太俗我不去，请找街道办事处

质。大学不在于高楼大院，而是因为有了高素质人才，才成为新思想不断产生并迅速转化为生产力的发源地。

硅谷是科技创新之都，但它没有浦东的恢宏，没有中关村的气派，甚至没有中国国内众多开发区的熙熙攘攘，它只是一排排极为普通的不起眼的楼房，在郁郁葱葱的树木，纵横交错的街道中若隐若现……

与众不同的是，这里集中着一群敢想敢说敢干的年轻人，一群天才闪烁的大脑，令人羡慕的一套促进创新的风险投资制度。

在这里，人们无拘无束地思考、创造、探索，尝试是日常工作，失败远比成功多，成功仿佛只是灵机一动，豁然开朗。那个步履匆匆、衣着不整的青年也许就是明天的比尔·盖茨，那个目中无人差点碰上灯杆的学生也许在设想着明天的谷歌……

一个个年轻得未脱稚气的面孔，比起那些暮气沉沉的百年家族更令人肃然起敬。有人说他们是一群暴发户，然而，他们遵纪守法，都是大大的良民。他们没有口号、标语，甚至有些默默无闻；即使有了突然而至的巨额财富，他们也不喜形于色，而当有了创造的火花，他们却像小孩一般笑得阳光灿烂。

比起国内的经验，敢想的不如不想的，敢说的敌不过敢吹的，敢做的比不过敢骗的。许多创造性火花，在枪打出头鸟中熄灭，在不懂装懂、嫉妒和刁蛮不讲理中窒息。

为什么同为天下之元气，父母之精血，而区别如此?

经历的人与事越多，就越来越感悟到答案：美国人大多数人并不聪明，他们在911之后，安检极为严格，却允许迟到的乘客人与行李分离地乘飞机（这给恐怖分子留下可乘之机）；他们直接用银行卡号码支付，却很少遇到盗用人家卡号购物的骗子（在中国，你的银行卡号被人知道，就意味着你的钱可以随便被人取用）。

然而，美国人做任何事都按章程、提示、规则办事，几乎没有灵活机动的可能。我有时不得不叹息，这样的人组成军队如果没有现代化武器，怎么能对阵中国灵活机动的游击战术——令人遗憾的是，他们就是先于我们有了现代化！而八国联军打进中国如入无人之境。

看来，答案也在于此。美国人依法办事，并且有一个能鼓励创造，维护秩序的健全的规章制度。对全社会来说，虽然永远只有少数人聪明，但如果少数人得到充分发展机会，而大多数人又能够按制度办事，虽然不聪明，但却少犯错误；那么，少数人的创新带领大多数人前进，总的结果是推动了全社会的前进。

中国制度不健全，大多数不聪明的人可以违法乱纪而不被追究，少数聪明人在没有支持创新制度的环境中四处碰壁，最后或者将聪明用于吹吹拍拍的人际关系，或者在寂寞中意志消退。当然，对于最后“一小撮”死不悔改的执着的创造者来说，无非是换一个地方而已。在现在的世界，此处不留人，自有留人处，可悲的是那些不思进取的地方则是永远落后。

近日看了一部关于纪念恢复高考的电影，纵横比较古今中外，更深切地感到：人的素质是决定国家强弱的基本因素。不由得为边远地区人们的愚昧和落后，自己心有余而力不足感到悲哀。回想到听厌了那些来自井底蛤蟆的愚蠢可怜的傻笑，看烦了那群酒囊饭袋的歪眼烂嘴，突然想起一篇无名氏的文章关于因坚持真理而被打击者——“独自打着雨伞，默默地走出校园”的描写是多么具有诗意。孤独，并不一定凄凉，孤独的真理才是力量的源泉。

举目四望，文革后恢复高考的这一代人已经成为三十年改革开放的基本力量，今后的三十年是中国最终实现现代化、和平崛起的关键时期。我们这一代有幸领风气之先，应该自觉承担起“科教兴国”的重任，应当实践中山先生的名言：“革命尚未成功，同志仍需努力！”

有诗曰：

都说科教兴国，只是财政羸弱。
虽然酒宴过滥，临到科教说“莫”，
志士苦心奋斗，临别心酸寂寞。
阳春白雪和寡，下里巴人众多。

教育唯才是举，何必还靠文凭

我曾与一位美国专家谈起北大与蔡元培，他说蔡元培这个人了不起，可称“慧眼识英雄”，他办北大请了几位教授，陈独秀、胡适、梁漱溟、鲁迅等，都是了不得的人才，导演了中国现代化进程的最辉煌一幕。

然而，陈独秀没有大学学历，蔡元培为让人家接受，竟帮他伪造。胡适的博士是假的，蔡元培也极力帮他隐瞒。梁漱溟只是初中毕业生，蔡元培无法瞒，就硬是破格聘他做教授。鲁迅是个学医的，也就是个普通大学生吧，在中文方面也只是自学成才者，可是蔡元培就是让他教授中国文学。而事实证明，这几位人物都是中国历史上鼎鼎有名的文化革命巨匠。正是这几位学者开创了中国新文化运动先河，而蔡元培也因此成为中国教育史上的巨人。北大“兼容并蓄”精神在蔡元培和这几位学者身上体现得淋漓至尽。

专家叹息说，现在的北大据说是非国外名牌大学博士不要，深陷唯文凭主义不能自拔。仅此一点，就可看出现在的北大已经不是过去的北大了。一位名人说过：从猿到人是值得庆贺的，但从人到猿就只能表示悲哀了！

大学不仅是培养人才的机构，更是识别人才的机关，如果连北大这样的大学都要凭文凭才能识别人才，那国家还怎能辨别人才？连北大这样中国顶尖的大学尚且如此，中国的教育看来是病入膏肓了。有人说，中国没有真正的大学，这话也许过分了，但细细思考，还是有几分道理的。

听了他的话，我心中极为震惊。没有想到，一个美国专家对中国的教育弊端了解得如此深刻，而我们的“文凭至上”主义远不是在教育界，在其他方面更加泛滥成灾。

沉吟半晌，我随口说了一句：“蔡元培是功勋卓著，但也犯了一个极大的错误，足可以掩盖他的全部功劳，那就是善于识别人才的伯乐，居然没有看出毛泽东是一位天才，却让毛泽东屈居图书馆里当管理员。以毛泽东之才干，完全有资格破格当教授。”

我的话引起专家的一番深有含义的话，专家说：“对！如果蔡元培请毛泽东当了教授，可能就不会有后来的中国革命了。因为他可以通过教育来改造中国与世界。一个好的社会制度，必须能促使人才辈出，才能长治久安。中国历史上的科举制度就是通过选拔人才为官来稳定社会秩序的。”

我对他的话不敢苟同，我说也许毛泽东当了教授更方便进行革命。但是，我内心深处对中国教育制度弊端的忧虑被他深深地点出来了。

八仙过海道比道，人人都往西方跑

我很感悲哀，国人的“文凭至上”、“名牌至上”、“权威至上”等观念，已经泛滥成灾了，而真才实学反而一点也不至上。不仅不至上，更可悲的是“枪打出头鸟”，因才干受排挤，“劣币驱赶良币”。

近日李源潮部长说，“要重视不讨好领导的人，不要过于看重群众意见”等。我心想，要真做到这一点，就是中国的大幸了。因为，中国的人才绝对数量是世界第一的。可惜的是，但凡杰出人才都是出类拔萃之辈，很难被凡夫俗子和一般群众识别。

历史上的伟大人物，没有一个不善于识别人才的，他们从不唯出身、唯文凭，唯一看重的是真才实学。拿破仑善于直接从士兵中提拔将军，才能带出法国历史上空前绝后的伟大军队，横扫欧洲如卷席。武则天能够启用敌对阵营中的人，甚至重用与己有杀父之仇的人，所以，能开创中国古代唯一的女皇时代。慈禧太后慧眼识英雄，力排众议，启用汉人曾国藩，才能力挽狂澜，稳定大清王朝五十多年。毛泽东更是辨人用人的大师，他能让敢用枪打自己的许世友带枪见自己，何等气魄，所以，才有前无古人后无来者的伟业。可是，我们培养人才、造就人才的教育部门已经失去识别人才的能力，只能以文凭为据。不亦悲乎！

有诗曰：

文凭本是花瓶，价值全在真工。
倘若名不副实，要此摆设何用？

第十篇

中国家庭十八怪

家庭人生平台，细想可圈可摆。
莫嫌吾辈啰嗦，世风有些奇怪。
一唱夫荣妇贵，嫁狗破罐破摔。
二好男大女小，级差直奔隔代
三谈结婚大事，土气换了洋派。
四任男纵女贞，杜十娘传还在。
五恨婚前宠爱，婚后洗衣炒菜。
六慕家庭和睦，结婚父母分开。
七尊岳母老大，入赘女婿可爱。
八见媳妇进屋，婆媳斗嘴常态。
九闻兄弟不和，对外同仇敌忾。
十喜重男轻女，老子就是要崽。
十一独子独大，四老听命侍待。
十二父母宠儿，孝顺老人何在。
十三多子多福，同堂要争五代。
十四中年危机，老小两头累坏。
十五男婚自由，妇女再嫁凉菜。
十六老年婚恋，儿女常搞破坏。
十七养儿防老，社保无法依赖。
十八临终难走，墓地涨价太快。

儿女已出游
老人独自愁

狐狸把他迷
叫我气不气

婚姻自由不自由
有人欢喜有人愁

金陵十三钗与婊子立牌坊

中国的文化现象总有些互相矛盾的东西，最令人争议的就是关于女性的贞洁问题。在中国，女人要守贞洁，嫁鸡随鸡嫁狗随狗；在家从父，嫁人从夫，夫亡从子。而男性则不仅不受约束，反而以性伙伴多为荣。这就导致了中国自古以来“娼盛不衰”的现象。

文人墨客以享用才貌双全的名妓为荣，所以爱屋及乌，不吝赐笔墨，为其知音立牌坊。

早的有吴越春秋故事，西施就是不断转手的美人，最后下场也很好，跟着巨贾范蠡舒服了一辈子。当然，西施可说是领导的特供品，不是妓女。三国时的貂蝉是美女计的诱饵，董卓吕布父子为她争个你死我活，鱼死网破。吕布死后，不知其终。

蜚声中外的秦淮八艳是中国文人梦寐以求的理想，多少风流雅士为之倾倒，为之性起，以致佳作传世，妙语连珠。

君不见“秦淮八艳”之首柳如是，“艳过六朝，情深班蔡”；精通音律，长袖善舞，其画娴熟简约，清丽有致；就是书法也是“铁腕怀银钩，曾将妙踪收”。

出身不凡的“一品夫人”顾海波，个性豪爽不羁，工于诗画，尤善画兰；“庄妍靓雅，风度超群。鬓发如云，桃花满面；弓弯纤小，腰支轻亚”。

小字玄儿，祖籍湘南的马湘兰，因酷爱兰花，号称“湘兰子”，恰如空谷幽兰，吐芳于世，凭着兰心蕙质，清灵清雅的气韵，写生兰花“出神入画，栩栩如生”。

明末清初的苏州名姬陈圆圆，则是“容辞闲雅，额秀颐丰”，

"独冠当时"；明艳出众，"观者为之魂断"。

上了《板桥杂记》的寇白门"娟娟静美；跌宕风流，能度曲，善画兰，相知拈韵，能吟诗，然滑易不能竟学"。

自称"玉京道人"的卞玉京出身于秦淮官宦之家，虽姐妹二人沦落为歌妓，但诗琴书画无所不能，还通文史，擅画艺，落笔如行云，风枝袅娜。

因《桃花扇》而闻名于世的李香君，更是深明大义，以死抗争淫威。

被称为"针神曲圣"的董小宛，聪明灵秀、神姿艳发、窈窕婵娟，为秦淮旧院一流人物，"自西湖远游于黄山白岳之间"，"钿毂春浇斗画裙，卷帘都道不如君。白门移得丝丝柳，黄海归来步步云。"

噫嘻！如此美妙之尤物，难怪刘半农先生一边写《赛金花传》，一边叹道："叫我如何不想她"！？

近代以来，中国人的创新精神越来越弱，对性福的追求却越来越盛，"性"字当头，"福禄寿喜"也就随之而来了。影响到当代艺术，在最受宠的电影界表现得淋漓尽致。

旧话说的"婊子立牌坊"是贬义语，我严重不同意：因为历史证明，受压迫最深，革命性越强。妓女除了忍受男人都要承受的压迫一样，还要忍受男人的压迫；所以，妓女是最彻底的革命者，是依靠对象。"色戒"开了个好头，汤唯以身殉业，据说被封杀，我也要提出严重异见。事实上描写妓女的往往都是老百姓喜闻乐见的、雅俗共赏的，"杜十娘"就脍炙人口，长盛不衰。

外国人也有同样爱好，莫泊桑的"羊脂球"，小仲马的"茶花女"也都是在洞察到妓女美好纯洁的内心世界之后，为她们的外部屈辱生涯鸣冤叫屈。

最有创造力的张艺谋总是不同凡响，近来拍了他最有水平的《金陵十三钗》，体现了他在中国当代电影领域无人可及的大佬地位。不过，从抄袭雷雨的“满城尽带黄金甲”，到“金陵十三钗”，终于也是从对妓女的歌功颂德中寻找到对艺术和人性的灵感。

有诗为证：

世人都说婊子坏，只因进出不自在。
一朝身心获自由，杜十娘子第一流。

干得好不如嫁得好

“夫荣妇贵”是司空见惯的现象，时下的流行语还有“干得好不如嫁得好”。据闻张艺谋导演在拍《山楂树之恋》的时候，为了寻找一个清纯无瑕的主角，曾哀叹“现在的清纯女孩都没有了”。看来都是“夫荣妇贵”与“干得好不如嫁得好”惹的祸。在这方面张艺谋和杨振宁都是男人的样板。

经济学的普及使得人们对婚姻的投入一样要算计，投资要少，收效要快。找一个与自己年龄、层次相当的男生，没有任何根基，到社会上闯荡多年还不知前途怎样，风险太大，还不如找那些有权有财的成功男人——通常他们老是老点，但经历过风雨锻炼，已经历练成熟得像高仓健、张艺谋和杨振宁那样。更有强有力的“经济引力中心”作用，传统美学观念早已改变，向实惠躬腰。这就是为什么现在奶油小生不受欢

嫁猪随猪，嫁鸭随鸭，嫁个乌龟变王八

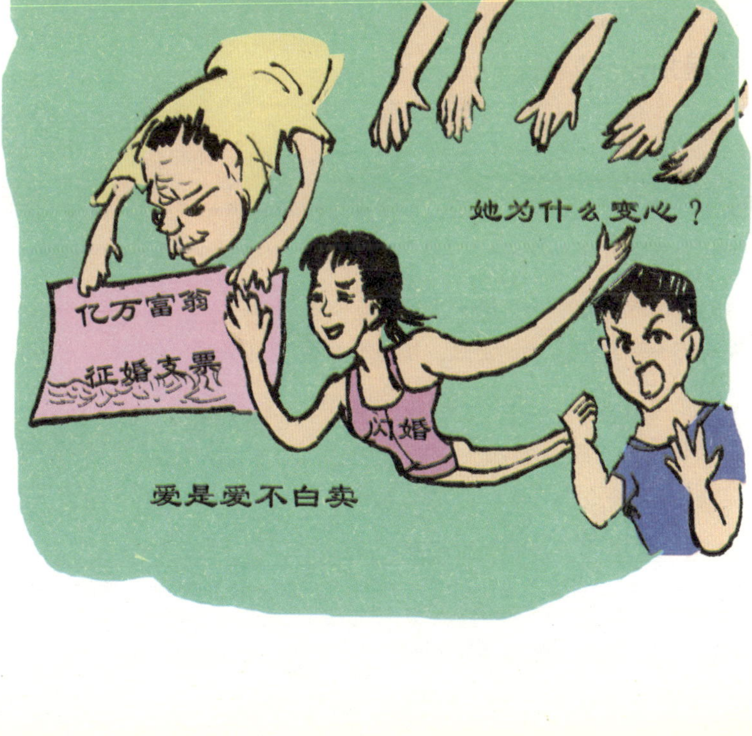

亿万富翁
征婚支票
闪婚
她为什么变心？

爱是爱不白卖

迎，反而是功成名就的老男人受欢迎的原因。

美女演员嫁入豪门早已成惯例，紧接着又有美女跳水运动员伏明霞、郭晶晶相继嫁入或准备嫁入豪门，更有82岁的杨振宁娶28岁的新妻回家的佳话。看来此风已成气候，可谓：天要下雨，女要嫁人，他人无法干涉。或许，有益于计划生育也未可知。

有诗曰：

男人四十一枝花，只因功就名成家。
月老越老越牵线，妙龄少女爱干爸。

房子是用来干啥的

人民日报发了一篇“说怪不怪，说不怪又怪”的文章：“房子是用来住的”，仅凭这篇文章题目，中国房市就应该是全世界瞩目的了。谁不知道房子是用来住的？然而，现在恰恰有相当一部分房子被当做保值增值的投资品来储备，以至于房价不断高涨。与此相似的是老年人的未来房产——墓地也迅速上涨，使得不少地方不敢病、不敢死。“病不起，死不起”成为一种事实，而不是笑话。

政府发誓要解决房价畸高的问题，然而，一系列调控手段没有收到实效，有的甚至疑似推波助澜。是束手无策，还是不愿涉及实质性问题——土地的供给，值得深思。

本来最根本的原因是土地的产权问题，既然土地都是国家的，那么解决的手段也只有国家。当前的问题在于：如果仅仅控制需求，而不是解决供给，那么在越来越扩张的城市化运动中对住房的需求只有越来越强烈，其结果就是房价将会更加上涨。单纯限制需求实在是没有办法的办法。

有诗曰：

安居乐业众望归，无家可居是乌龟（无归）。
蜗居虽解一时难，常年屈就谁认谁？

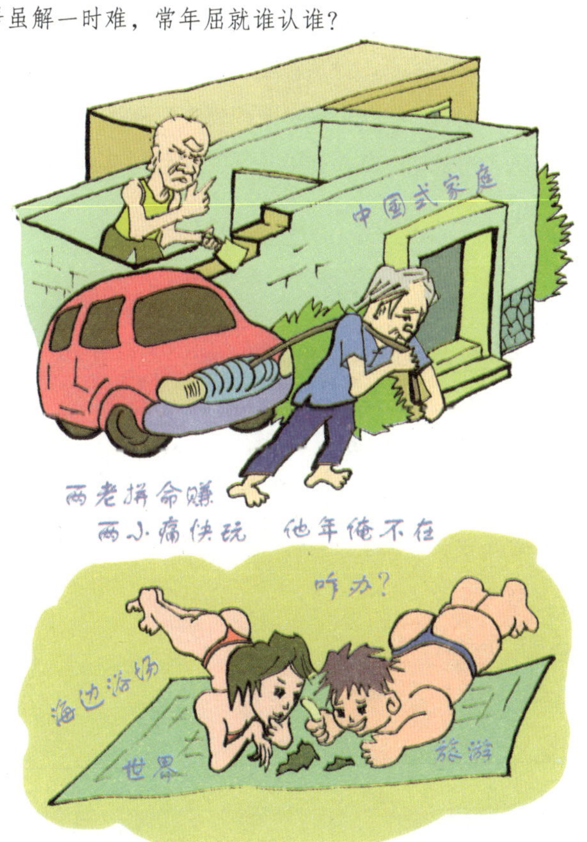

阴曹地府的房地产

近年来，中国的房地产以震惊世界的涨价速度和幅度，冲击了全体国民，领涨的是北京、上海，以及杭州、深圳等地的房价，已经超过美国的纽约、日本的东京和中国的香港了。

房价的上涨表面上源于炒房团的炒作，本来是消费品的住宅成了投资品，在京城、上海等地，几十套买卖房产的投资客已经成了常态。地王互相追高，已经打破世界纪录。

更抢眼的是阳间炒完了，竟然惊动了阎王爷，在阴曹地府也掀起房地产炒作大潮，墓地的价格以更高幅度和更快的速度打破了房地产增长的记录。一尺见方的墓地，竟然到了几万、几十万的地步，以至于人们要惊呼“死不起”了！

呜呼，笔者无语，以诗代言：

人间炒房太凶狠，
阎王老子看不懂。
判官师爷献计谋，
墓地吞钱更生猛！
一尺见方要几万，
略带景观翻几番。
领导还可配小秘，
百万年薪没商量！

第十一篇

中国文艺十八怪

（一）

文艺美当主宰，囧事多有异怪。
一叹阳春白开，青年不甚喜爱。
二推通俗当行，奇人异事疯卖。
三拿经典乱编，老辈胡子气歪。
四玩感官刺激，鬼怪魔幻主宰。
五多十项全能，演导说唱博彩。
六读古史新编，故事张官李代。
七迷国外大片，好莱坞戏最爱。
八议超女超常，评委不敢言败。
九从历史改编，科技穿越古代。
十惜艺坛剽窃，文风日渐衰败。
十一女星辈出，尽入富豪口袋。
十二搞笑风流，跟着感觉卖乖。
十三阳春白雪，唱死无人喝彩。
十四下里巴人，粉丝挤破麻袋。
十五CCTV，不敌湖南省台。
十六娱乐时髦，正经有谁去爱？
十七写尽帝王，山呼万岁气派。
十八假戏真做，绯闻更有人脉。

（二）

人气星光太旺，今天还得连载。
莫怪提名与否，只是随口拈来。
一张艺谋大腕，三枪挣断绊带。
二陈凯歌独奏，当年风光不再。
三刘晓庆出狱，脾气有些变乖。
四姜家有两崽，文功武味双胎。
五周润发润发，白中还挂黑彩。
六李连杰善举，一斤壹金停摆。
七潘虹宜守旧，莫去股市叫卖。
八葛优戏有戏，看来有些变坏。
九赵本山走穴，沈阳女装男戴。
十周星驰电闪，三笑乱点轻率。
十一静蕾开啦，王朔做了员（园）外。
十二子怡亮相，大洋彼岸裸晒。
十三赵薇奋起，替父从军塞外。
十四周迅潜伏，风声雨声乱来。
十五冰冰冰冰，越冰越是可爱。
十六闫妮姚晨，武林东邪西歪。
十七汤唯解放，敢于宽衣解带。
十八汤加丽影，优雅有如天外。

（三）

总想就此打住，民间有话难耐。
只好继续再说，不要烦我嘴赖。
一声春雷振邦，江南不如边塞。
二歌胡松华唱，至今赞歌还在。
三庆李谷一家，一唱天下大白。
四羡宋祖英姿，还是那么可爱。
五敬大姐丽媛，天下谁敢替代？
六欢腾起格尔，小河淌水过来。
七邀李娜韩红，青藏高原双待。
八随宇春狂舞，喧嚣震破脑袋。
九郭德纲得云，独创自家品牌。
十周立波不服，于无声处上海。
十一奇志大兵，为何定要分开？
十二韩寒敬明，作协有些无奈。
十三品味三国，易中天说狂甩。
十四讲经于丹，直把孔子气坏。
十五小崔说事，嘴巴经常左歪。
十六朗朗弹琴，不如广告外快。
十七陈佩斯问，为何春晚不在？
十八芙蓉姐姐，居然赢得博爱。

含蓄与张扬

我到美国之后一直很注意考察美国现代文化，与中国文化一比较，深感美国人的现代文化是外向的、自信的，要求公开地、大胆地表现自己个性、不同于他人的特点，以此展现人生的价值。相比之下，中国文化内向的特点很明显，中国人不轻易表达自己观点，慎于表现个性，喜怒不形于色。在幽默方面，也是一样，是一种追究自我完善，蔑视屑小、耻于为伍的境界。诚如弥陀佛一样，冷眼观世：

大肚能容，容世上难容之事；
笑口常开，笑天下可笑之人。

西方人流行的现代幽默是外露的，不惜作贱自己和他人，或者往往是与性有关的：早上出门，却掉进地下水沟里；牙痛去医院，拔掉的却是好牙……在欧美，现在十分流行一种所谓“黑色幽默”，就是这一类。

追溯到卓别林，似乎是最深刻的了，但外向的特点依然很明显，如用扳手去拧人家的鼻子，甚至是女人的乳头，不小心裤子掉了，抖出光腚……

外国经典也有深刻的幽默，但恐怕也都过季了。如莫里哀的《伪君子》达尔杜弗开始道貌岸然，一旦骗取主人奥尔贡的信任，就暴露出伪善、凶狠、贪婪无耻的面目，不仅霸占了奥尔贡的妻子、财产，而且把奥尔贡赶出家门。看了之后实在是义愤填膺。

更深刻的还数易卜生的《国民公敌》中那个勇敢、正值的斯铎曼医

超女震撼舞台

评委不敢言败

100

100

100

100

如今只看钱

老少都不嫌

富一代

富二代

二代诚可爱，一代更保险

生，他发现疗养区矿泉中含有传染病菌，不顾浴场主们的威迫利诱，坚持要公布于众，并改建泉水浴场，因而触犯了浴场主们和政府官吏的利益，被宣布为“国民公敌”。

这一类幽默故事真实地源于生活，具有深刻的思想性内容，在给人以笑声的同时，也深深地启迪了意识。不像现代欧美国家那些“黑色幽默”是作贱人的玩意。

然而，不知什么原因，现在那些深含睿智的幽默节目不流行了，流行的是那些自作自贱的、一看就明白的肤浅的“搞笑”文化了。

有诗曰：

世界本来自在，因循规律而来。
智者洞彻入微，相知一笑轻快。
无知自作聪明，强欢扭捏作态。
故作廉价一笑，小丑跳梁悲哀。

中国式幽默

幽默，在中国文化中是很受重视的。中国的幽默内涵隽永，意味深长，倾向于深沉含蓄，不轻易外向；幽默寓于其中，言有尽而意无穷，如余音绕梁，三日不绝。如《史记》中有专门的《滑稽列传》，它别于其他篇章的最大特点就是轻松幽默，寓教于乐。

古时候很多成语故事都是深有寓意的幽默。在阅读这一类作品时，你会活灵活现地感觉到作者是在严肃地书写着令人捧腹的故事，不禁报以隽永一笑。

例如齐国的孟尝君有个门客叫冯谖，因为吃饭伙食不好，又不好意思直说，就弹铗而歌：长铗回去吧，吃饭没有鱼。孟尝君想这人嫌待遇低，可能还是有些才干吧，因此，给他鱼吃了。可是冯谖吃了鱼，又唱：长铗回去吧，出无车。孟尝君看这家伙有些狂，决定再给他一点甜头，同意给他车坐。不料，冯谖继续唱，长铗回去吧，没有钱养家。孟尝君有些沉不住气了，但转念一想，这家伙这么狂，必定是个人才，于是赌一把，给钱。后来，冯谖果然为孟尝君立了大功。

更夸张的如“掩耳盗铃”的故事，说的是晋国贵族智伯灭掉了范氏，小偷趁机跑到范氏家里偷东西。小偷看见院子里吊着一口精美的大钟，可是太重，挪不动。于是他想了一个聪明的办法，就是把钟敲碎搬回家。不料，当他找来一把大锤，朝钟砸去时，钟声响起来。他做贼心虚，不由自主地使劲捂住自己的耳朵，真的感到钟声小了，以至于听不见了，于是就放肆到“做贼心也不虚”地砸起来。

你还别以为这只是笑话，利欲熏心的小偷和那些贪官污吏一样都是以为只要捂住自己的耳朵，别人就听不见声音。

近代侯宝林的相声如“关公战秦琼”，也是很有寓意的幽默故事。相声让三国的美髯公关公不遵守历史唯物主义的规矩，不仅打遍天下无敌手，还要穿越时空，打到唐朝，教开国元勋秦琼也知道老关的大刀厉害。难怪中国的侠客只拜关公，不拜秦琼。要论实事求是，秦琼是盛唐的开国元勋，你关公不过是一个仅仅维持了两代的偏安小国的将军，哪里比得过人家。看来，“关公”就是会“公关”，所以深得中国侠客的崇拜，大家一投票，关公就占了上风。

有诗笑曰：

关公战秦琼，不分时与空。

后代干着急，如何判输赢？

出口转内销的搞笑

只要留心，就可以发现我们日常生活中也有许多诙谐幽默的事。记得在南京大学时代，我与几位作家同学出外旅游，当大家正在为乡村原野的湖光山色陶醉的时候，路边一群羊不识时务地“咩咩”叫起来，大煞风景。我这个城里伢子从来只是从书本上“看见”羊是“咩咩”地叫，没有“听见”过羊“咩咩”地叫，但是，作为一个大学生，还是自以为是地——像过去的共产国际指导中国革命，像现在的“海归”指导中国改革一样——对羊群摇摇头：“羊先生，你们叫错了，应该‘咩咩’地叫！”随行同学一听，笑得眼泪都出来了，至今他们的嘴都还没有合上。

还有一次，我随团出访美国，在美国商店购物。一位领导说：“名牌是成功男人的象征”，于是，一贯服从领导的同志们根据领导指示，纷纷选购名牌。我也不愿被视为另类，只好随大流在商店整整转了一圈，但是，没有看到中意的。只是有一种旅游鞋，十美元两双，有些打动我的心。想到自己有鞋穿，还买什么？于是，转出门口，发现大家都是满载而归，只有我一个人手中空空如也。我有些不好意思，终于决定回商店将手中的十美元换回那两双美国旅游鞋。大家兴高采烈地谈论购物感想，我也有些受感染，拿出我买的美国旅游鞋，细细欣赏起来——晕了！原来在鞋子极不显眼的地方有一行老花镜绝对看不见（我幸好是近视，看面前的东西十分清楚）的极小的英文“MADE IN CHINA”！

黄段子与性文化

李保田和陈佩斯关于喜剧的观点似乎曾有过一场争论，在我看来，李陈之别正好是古典含蓄派与现代直白派的区别。我是脚踩两只船，从出身看，不由自主地倾向于中国古典；可是一想到要脱离群众，像孟子所说的那样以“穷则独善其身，达则兼济天下”的气概聊以自慰，因此，又倾向于现代派。

我突然悟出，文化的发展在形式上也许是由含蓄、深沉往直白、简明的方向发展，至少文字就是如此。就内容方面，可以说是更人性化，特别是性的色彩越来越浓，正所谓“食色，性也”。

记得我们小时候，见到漂亮女人，从不敢正眼看一眼。哪像“80后”以后的现代青年。大概是因为人性现代都“大众科学”了，没有必要再神秘兮兮的。

看来，这是与时代变化有关的现象。在精英文化时代，深刻、含蓄的文艺作品受欢迎，这可说是“阳春白雪”时代吧。在现代社会，节奏变快，文艺手段也越来越通俗、大众化，下里巴人的文化色彩就成为主流。

西方已经过了这一时代，而中国刚刚进入这一时代。在北京经历“非典”的时候，好像没有发现易卜生的“国民公敌”，倒是隐瞒不报的市长引咎辞职，看来和现在现代搞笑派盛行有关。

也许是受外来时尚影响，中国当前最为流行的是餐桌上、手机中、

春晚也不晚，不说上不上

歌舞太费力
谍战更刺激

说话很正派，
只是嘴巴歪

大家莫生气
念经很刺激

开的不是水
喝下有些醉

后台王

还珠有些老
从军更热闹

冰冰复冰冰

一对冷美人

出门去撒尿也说我爆料

网络上的“黄段文化”——直捷了当的性文化，广受欢迎，一点也不需掩饰，既直白，又狂热。

最近，网上流行贪官“艳照门”，贪官玩上瘾了，自己给自己记下精确到“规定的时间、规定的地点、规定的人数、规定的动作”，不限于“艳文”，还要拍下“艳照”，玩疯了的还直接上网公示。别人窥视、偷拍的就更多了，也许这就是现代化。

美与丑之真谛

真正的美是什么？简单地说，美是一种过程。真善美是在与假恶丑的比较与斗争中体现出来的。正像不吃苦不知甜一样，没有丑的比较，美也是不存在的。

看《井冈山》的时候，最令人感动的是被群众选举选下去的毛泽东，在贺子珍的陪伴下，离开自己亲手创立的队伍，独居山间的场景。毛泽东无奈地说自己准备当教书匠，一副“进则兼济天下，退则独善其身”的光景，虽不免孤寂、凄凉，但我从中感到的却是“独立泰山之顶，一览众山小”那样的壮美！

要懂得真正的美，必然懂得美与真和善的联系，否则表面肤浅的美感无法领略美之真谛。

孔子一生游说列国，克己复礼，矢志不移，“不知老之冉冉将至”，执着之美也；屈原被贬而赋离骚，因忠于祖国不被理解而投江自沉，悲戚之美也；“力拔山兮气盖世”的项羽，虽兵败于己之不明，但敢于负责不苟且偷生，别姬自刎，亦可称英雄气概，气壮之美也；诸葛亮“鞠躬尽瘁死而后已”，“出师未捷身先死，长使英雄泪满襟”，忠义之美也。然而，所有这些，都不如千古一人毛泽东“胸中自有雄兵百万”的美：特立独行于巅峰，心怀天下，腹有良谋，举目四望，前不见古人后不见来者，圣雄之美也！

与美相对的是丑，没有丑就没有美；反之，没有美也就没有丑。

丑是客观存在的，不知丑也不知美。中国人好面子，即使错了，口头上也硬撑着不承认。特别是做领导的，可以改正缺点，但不能承认缺点。在这一方面，我觉得应该向韩国人学习，学习敢于认错的精神。

虽然我不喜欢看韩剧，也很讨厌韩国人恨不得将中国什么东西都说成是韩国的那种几乎难以忍受的小家子气，但韩国前总统卢武铉引咎自杀的行为的确令人不得不叹服。

人非圣贤，难免过失，不文过饰非而能引咎自杀的人不论是村野妇叟，亦或王公总统，都是追求完美接近圣人的。令人尊敬的卢武铉总统，令人赞叹的卢武铉总统！君子坦荡荡，生得坦然，死得真诚。因为有过失不仅不被非议反而因过失而得到全民敬佩的，从古至今恐怕只此一人吧！为什么，是因为追求完美的结果，是因为对自己曾经的不完美的摒弃。

极而言之，依佛法说，“放下屠刀，立地成佛，”说的是任何人不论干过什么坏事，只要承认错误，坚决地改，就可以成佛。这是每个人都应该引以为座右铭的。大千世界，诱惑万千，犯点错误是难免的，问题是知错而改就好。难怪韩国围棋引领天下，就因为有心无杂念，追求完美的“李昌镐精神”。

看看中国的围棋，聂卫平一度为棋圣，对日曾经是一夫当关万夫莫开，可是心中尘缘未尽，杂念太多，终于雄风不再；马晓春自以为聪明

人人都演大圣，天下如何维稳？

时代变得快
妖怪更可爱

徒弟莫怕累
送礼要珍贵

一脱就称星
何必想不通

春晚有些累
回家补瞌睡

空中玩排队
不知对不对

大家都赶集，姚晨最积极

过人，曾声称无须工夫就可以天下无敌，言过其实也！真令人叹服的是芮乃伟，围棋界的穆桂英，可惜在中国的环境下呆不下去，出走他国；秀指单挑李昌镐，其实力拔山兮气盖世。中国围棋如不学习李昌镐，绝对出不了头。

看其他学界，更是令人惨不忍睹。经济学界，学人不以解决实际问题为准则，却以西方学历、学位为标准。以中国为耻，以西方为荣的学风是中国人的耻辱。我真难以理解，为什么韩国人，从卢武铉到李昌镐，都有那种自信、自尊，不甘落后的民族气节，他们的民族精神里面其实充满了儒家风格，而我们自己为什么没有发扬光大这种精神？想到这里，我对韩国人不由得肃然起敬，尽管我仍然不喜欢韩剧和他们的小家子气。

有诗为证：

世间太纷扰，美丑不明了。
人人都执着，自信就是宝。

超女与文化革命

我一直认为所谓“学问”，其实就是“学着提问”。谁会提问，谁的学问就大。比如说自湖南卫视举办“超女”以来，一些令人震惊的文艺现象引起人们的混乱：梨花诗、裸体诗、韩寒热、易中天品三国、作家讨饭等，朋友们每每谈及此类现象，有激烈抨击的，有冷嘲热讽，但最终还是无可奈何。我不禁有些疑惑起来，于是问道：为什么？

为了解答这一问题，我回顾了很多文艺现象，渐渐地觉得：超女这一类现象，不管你喜欢还是讨厌，毕竟是社会的一种探索、前进的现象，是对僵化的文艺模式和思维惯性的冲击。

在中国近代史上第一次真正的文化革命是五四运动，是对传统文化的第一次打击。陈独秀先生在五四时期曾大声呼吁，要以朴实通俗的平民大众文化，打倒华贵富丽的贵族文化——由于时代的局限，大众文化打倒贵族文化，在那时是难以实现的空想，只是一种口号和愿望，最终必然流于形式。此后尽管出现了白话运动等，但文化还是文化人的事。那时的技术手段使得文化只能是少数人的专利，平民的下里巴人的文化，只能是茶馆里的小曲、评弹、二人转之类，上不得厅堂。而在现代技术的条件下，所有人都有了表现艺术要求的权利和能力，因此，少数人的精英文化终于被大多数人的通俗平民文化PK下去了，通俗文化以主流的姿态登上了大雅之堂，这本来是值得欢迎的。

当湖南卫视的超女评委被超女粉丝抨击得不敢说“不”的时候，我虽然也属于被击败的一边，但仍然兴高采烈地为大众文化兴起而感到由衷的高兴；因为，我知道，一个新的时代开始了，不管我们喜欢不喜欢，它仍然不可抗拒地开始了！

我们的时代既是中国历史上，也是人类历史上最伟大的文化革命时代，这是以计算机为代表的信息革命时代。自人类脱离动物界以来，人类进化的重大革命首先是语言的产生。语言使人类可以互相传达思想、感情，由此，分离的个体人，组成了互相依靠的人类。第二是文字的发明，它使人类的文明进步可以代代相传、发扬光大。然而，信息技术的出现是一种颠覆传统的革命，它为人类的信息表达和传播提供了一种简便、准确和高效的形式，这一革命使得文化迅速地普及了，少数专家垄

世界太浮躁，清纯很难找

群众太浅薄，故事不好说

中国无大师，何必自说是

断文化的时代一去不复返了。

有诗为证：

台下欢跃如虎，台上莺歌燕舞。
待要问问何事？忽听一呼“超女”。
观众双手高举，评委都说美语。
若是独秀重生，必定泪飞如雨。

道德标准和潜规则——兼答程小姐

改革以来开放最早、放得最开的是文艺界，由于离政治较远，当政治先驱们还在为真理流血流汗的时候，文艺界很早就沐浴了春天的滋润，而且是身体力行——往往与性离不开。西方性解放运动最早就是与文艺界不谋而合而蔚成风气的，而现在，连外国最大胆的演员也说中国比他们开放了。

正人君子不肯承认，有吃了亏的女演员奋起揭发，“潜规则”顿时成了最流行新词。由于舆论导向的作用，暗示了一些别有用心者。结果，各地公安机关常常得到报案：某某自称导演者，说是海选女演员，初试就是敢不敢脱，复试就是敢不敢上床。渴望一夜成名的少女蜂拥而至，考官忙得肾亏。随后，静听通知，杳无音信。多数人自认倒霉，吃了哑巴亏做不得声；更有舍得花钱的，假戏真演，真的出点小资，搭个草台班子，拍个只在黑市上卖的三级片，那就合法了。

文艺领域的现象可以说是一种职业现象。正人君子们从来都是乜斜着眼睛看文艺，从旧社会过来的人多半有这种情结。值得文艺界庆贺的是，由于新陈代谢的原因，目前看不惯的人越来越少，跟着感觉走的“粉丝”却越来越多，所以，文艺越来越时髦。

文艺离不开情感，首当其冲就是性感。文艺复兴与人性解放是不可分割的，只要读一读《十日谈》等文艺复兴时期的文学作品，看看达·芬奇、拉斐尔等巨匠的画就至少会从表面上体会这一点。再往深处想，因为中世纪神学和禁欲主义阻拦了社会发展，所以，纵欲主义一度是一种革命武器，搞文艺的人自然成了响当当的革命派。

令人悲哀的是，最先享受到幸福、享受到最多幸福的人不一定会理解和感谢那些为包括文艺界在内的社会解放而贡献血和汗的先驱者们。更令人痛心的是，这些先驱者不仅往往被遗忘了，而且经常遭到享受者的嘲笑和伤害。我不幸亲自经历了这一幕，还留下终生难忘的阴影。

那是在我当年误入南京大学中文系的时候，那时中文系有个在文革时期有些红的无聊作者程小姐。也许我这人太古板，见了文艺界的人就有些胆怯，生怕染上什么病。因此，虽然在政治上改革开放，但在生活作风上极为保守，就像五四时期的吴虞先生一样。

也不知是什么时候，我对几位想当作家的同学，做了几句评语。对程小姐，我很认真地批评她：不能停留在浅薄的层次，要跟上改革时代。我的真诚评价也许无形中伤害了程小姐一贯自我良好的感觉，这位在秦淮河边春风得意的小姐，对我始终耿耿于怀。虽然我很快就离开中文系，转到哲学系，她仍然不忘旧事，竟然在我为了尽早到北京投身改革事业，提前考上中央党校研究生的时候，指使她的两位入党培养人兼性伙伴，卢某与徐某，向中央党校诬告我，说我要“发展马列主义”，对文化革命不利。在当时极左还很流行的时候，他们三位一体的结合产出的私生子必然是——我被取消录取资格。

此事过了三十多年，我原以为这批文革遗产已经寿终就寝了。不料，近年来，我发现这位文革遗产居然还在秦淮河边诱导儿童，心里很是惊讶。想到邓小平先生对文革遗留的三种人要保持高度警惕的教导，为拯救南京的不幸儿童，我在博客上发了一首打油诗，曰：

辛酉岁寒鸭羽稀，秦淮剩女欲更衣。
红灯照下谁当首，——卢徐，生子当如法兰西。

又批一联曰：

曾居秦淮都是爱，任你卢（芦）鸡徐菜；
更游四海尽为家，管他河鱼海虾。

程女士读了我的博文后，埋怨道：“三十年啦，别提了。”我很想不提，然而看到现在一些乌有之乡，忍不住又曰：

曾经乱世咒秋寒，痛逾三旬未敢忘。
醉吐盂中一戏语，诚言笔下两诗行。
不学《忏悔录》西土，更纵《十日谈》东乡。
笑赠KT三两句，青灯古寺素颜残！

第十二篇

中国体育十八怪

中国体育大国，世界都说精彩。
气势如雷贯耳，东亚病夫不再。
首推奥运大会，中国气势惊呆。
二看乒乓银球，东方总是不败。
三惜种子四散，全球都是华仔。
四奇中美女排，榔头一人领带。
五观女子赛跑，俊仁带出马仔。
六访王子体操，李宁心操专卖。
七忧刘翔流向，不知何日再来?
八闻水中晶晶，重伏明霞豪宅。
九慕亚平转业，“人民搜索”世界。
十祝申雪宏博，冰上永秀恩爱。
十一大球乏力，不知原因何在?
十二男足有鬼，豪赌导致失败。
十三丁少俊晖，总是有点困赛
十四连杰改行，慈善值得称戴。
十五退役队员，生活有些无奈。
十六围棋危机，韩国石佛难败。
十七中国武术，能否打赢世界。
十八请问象棋，何时国际比赛?

美人鱼亮晶晶，重入明霞豪宅

体育明星退伍

再冲政治舞台

美女与豪门

中国美女跳水运动员伏明霞退役后，以妙龄之春，嫁与香港五旬豪人，曾惊动世人；没想到，明霞犹如明霞，又将后继美女跳水队员郭晶晶引入香港豪门。香港尽占大陆的便宜，大陆人喜爱的大众情人都被收了去。真不像话！

不过，婚姻自由，美女们想找靠得住的老公是天经地义的。美，本来就是稀缺产品，可遇而不可求。好不容易老天爷给你准备了一个好摸样，就是给你的本钱。人人都喜欢美，你的价码能不高吗？

再说，从供给方面看，美是很娇贵的，维护费用很高，一般人哪里供得起？

富豪们更是理由充足：我出大价钱，购买、维护了美女，不也是为了世界更美吗？

有诗云：

跳台姊妹花，相约嫁豪家。
方知艺谋叹，果真不虚假。

足球与腐败

足球是人人喜爱的大众体育项目，可是多方整顿也没见效果。魔鬼训练、快乐足球、金钱刺激、美女助兴，十八般武艺使尽了，都败下阵来。每次总有一帮球迷豪情满怀地跟队出击，啦啦鼓劲，随后垂头丧

气地败下阵来。球迷们痛心疾首，吐唾沫、扔玻璃瓶、砸电视，恨到极致，声称要去投海、跳楼的都有。有科学研究者疑似受贿，一本正经地得出“新哥德巴赫猜想”：中国人素质不适宜打足球。

就在专家封口即将大功告成的时候，出乎意料之外，消息灵通人士报告，中国足球玩的不是足球，而是赌球；顿时，全国人民群情沸腾，足球俱乐部几百万的年薪原来是赌资！真叫人恨得咬牙切齿——早知如此，还不如到澳门和拉斯维加斯看赌或参赌有趣。

是否其他领域的问题也在于腐败?

民间有个中国足球十八怪，发人深省：

中国足球第一怪，足协头头瞎指派。
中国足球第二怪，带出一帮熊兵崽。
中国足球第三怪，队员都像老太太。
中国足球第四怪，前锋脚衰跑不快。
中国足球第五怪，中场踢球上看台。
中国足球第六怪，后卫队员心不在。
中国足球第七怪，中场成坨后卫排。
中国足球第八怪，场进七球遭淘汰。
中国足球第九怪，世界杯赛出局快。
中国足球第十怪，场场输球能交代。
中国足球十一怪，赢球争功输球赖。
中国足球十二怪，教练心思无法猜。
中国足球十三怪，网络能把球侃败。
中国足球十四怪，二四四阵可真帅。

马
中华

王子不再体育
一心照顾买卖
Li-nin
健力宝

中国足球十五怪，等着三流来讨债。

中国足球十六怪，黑哨假球代传代。

中国足球十七怪，越禁越欢逗人爱。

中国足球十八怪，输球居然是腐败。

体育界的官本位

中国的官本位根深蒂固，从体育界就可见一斑。庄则栋因乒乓球冠军而荣升国家体委主任，可谓开路先锋。同期的徐寅生因一篇“关于如何打乒乓球”的辩证法文，官至副部长。在乒乓时代，受委屈的是一度令人拍手叫绝的怪球手张燮林，不知为什么没有捞个副部级干干。

乒乓称霸全球以后，到处包揽冠军，双方又基本上都是中国人，刺激逐渐麻木。

随后“党代表”袁伟民带领的中国女排“红色娘子军”最佳组合隆重出场，演出了体育运动史上最吸引眼球的女排崛起进行曲。全国观众看着袁伟民在面临绝境时，沉着镇静，指挥若定；天安门城墙郎平出手不凡，所向披靡；娘子军凤舞蝶飞，连拿八冠军。袁伟民教练显然是部长宝位的不二人选了，女排队长孙晋芳也理所当然地荣升江苏体委主任。郎平可能有些委屈，只身赴美求学，竟一身兼中美两队教练，而且打得难分难解，连《中国不高兴》都高兴起来，为之叫好，比较替日本打了冠军的何智丽被国人痛骂，我不知道国人为什么对同一现象持不同标准？！

可惜，袁伟民也不是救世主，亲自抓中国足球就没有成功。在全国人民对男子足球恨铁不成钢的失望情绪之下，机遇再次回归乒乓球。

身材不高的邓亚萍以“勤能补缺”的亮点，打遍天下无敌手，再次引起领导注意，创造了跳出体委圈子改行也行的记录。邓亚萍上下通气，左右逢源，直升人民日报副秘书长，人民搜索董事长。能把乒乓球打进官场，打到新闻界，再转IT产业，真是不平凡。

不过，凡冠军就要当官，也真不是普遍规律，还有很多冠军没有当官。例如，在长春市一家浴池内给人搓澡的前全国举重女冠军邹春兰，什么都不是。这使人联想起刘少奇说过的话：担任主席是为人民服务，掏大粪也是为人民服务。

我寻思这里面还是存在某种规律，什么规律呢？喔，是了，必须领导喜欢。因为，普选是资产阶级假民主，群众推荐也只是仅供参考，只有英明领导才能做出永远正确的决定，所以，还是按领导指示办事为好。

不过，体育界也有不趋炎附势的。李娜在拿下世界冠军后，立即有官位送上来。好个李娜，居然毫不犹豫地婉言谢绝，就是干自己的本行。

可见体育界也不特殊，都是人生大观园的一个“小世界”。

第十三篇

中国城乡十八怪

草根文化成名快，金花昨天是白菜

过去洗浴是洗澡，如今桑拿做全套

城市化得太快，举世目瞪口呆。
本来各有特色，现在统一形态。
一曰扩展惊人，就像牛皮口袋。
二曰以人为本，人流人山人海。
三曰开门要钱，户口投资有卖。
四曰道路拥挤，堵车几里开外。
五曰高楼紧密，阳光莫想进来。
六曰霓灯如昼，能把月宫烤坏。
七曰探头密布，无微不至关怀。
八曰空地不空，停车二三十块。
九曰满街制服，警察保安招待。
十曰网吧酒吧，欧美情调主宰。
十一快递快传，书信快餐外卖。
十二脏活累活，自有民工替代。
十三草根文化，自生自灭好快。
十四明星速成，金花原是白菜。
十五贵宾驾到，警灯警笛路开。
十六走进酒店，小姐见人就“嗨”！
十七KTV火，莺歌燕舞人爱。
十八桑拿洗浴，老板都有后台。

世界第一的城市化

古希腊哲学家毕达克拉斯把“数”作为世界的本元，我以前对此缺乏感觉，然而，在直观中国发展的时候，我体会到了数字对物质的决定作用。

就在进入本世纪初，中国还有三分之二的人口是农村居民，城市规模还不大，基础设施也较为简陋。然而，自从“加快工业化、城市化”的热浪掀起以后，几乎所有的城镇都迅速刮起了扩张风，交通设施像蜘蛛网一样布满城乡，以致全国高楼大厦几乎是雨后春笋般地冒出来，接二连三的破世界纪录；震惊世界的高铁仅仅几年，即使涉嫌腐败，也是世界第一！

漫山遍野的人流，挤满了城市，挤破了城市，逼迫农村、农民和农业不断退缩。难怪毛泽东极有气魄地批判马寅初说，人多力量大，热气高。十几亿人口一旦动员起来，干什么什么就是“世界第一”。

眼看着中国GDP要成为世界第一了，美国老大坐不住了，拉着小兄弟日本到中国一看，被中国特色的城市化运动搞懵了。

单就城市建设规模和速度来看，中国的城市化确实是史无前例，北京、上海自不用说，深圳不就是邓小平随便画了一个圈，就扑通扑通地要赶上香港了。在中国只能算小城镇的地方，没有不是几十万人口的，有资格叫“市”的至少都已过百万人口。

可是，如果你要较真，就立即陷入毕达哥拉斯的神秘的数字世界。

偶尔问起“工业化”进程，工业和信息化部门一定会负责任地说，包括民工在内，中国50%以上的人口已经成为城市居民，城市化基本完成。

但计划生育部门在向人大述职时另有打算，他们按户口人口总数，不计民工，只生一胎的计划生育指标得到执行，计划生育奖照发；虽然大部份居民生两胎以上，但那是农村人口，没有违反计划。

在检查普及义务教育落实情况时，同样如此，难以落实义务教育的农村居民暂时不统计在内，民工归入农村居民可以大大增强文化教育事业发展自我感觉良好的印象。

涉及到敏感指标失业率或就业率，大部分人口又变成了农民，因为只要在农村，就没有失业；虽然也许就是坐在门口，给鸡婆扔了一把米。

重要的“待定变量”，即非农非城的“民工”，是一个可以改变事物性质的毕达哥拉斯“数”，有时可以算是城市居民，有时又被归入“农民工”；就像中石油中海油通常有两本账一样，向上级领导报喜时，利润猛增，奖金增得更快；在油价上涨时，利润就变成了成本，不涨价无法弥补严重亏损。

“快乐”的力量

城市化不仅仅是一种经济现象，更重要的是一种文化现象。正是由于城市化的大踏步前进，近些年，通俗文化也以不可阻拦的形式和速度，占领了中国的文艺舞台。以前附庸风雅的文化人开始争先恐后地对通俗文化投媚送抱；当然，主要是经济的作用。如果说现在世界上信马列主义的不多了，但至少在“经济基础决定上层建筑”这一点上马列主义还是牢牢地站稳了脚跟。

西方国家若干年前好像也发生过同样的事件，爵士乐、硬壳虫、麦当娜、杰克逊，还有风靡世界的迪斯科，风扫传统如卷席！

从湖南卫视掀起来的“快乐“风，就像快餐一样，遍及全国，使得细嚼慢品的传统文化习惯难以为继。在”快乐第一”的冲击下，社会从“装腔作势”的理性时代，变换到“及时行乐”的感性时代。在快男超女面前，什么“思想教育性”、“主旋律”等变得那么软弱无力，以至于可笑。

专家们也知趣地懂得，靠他们评头品足决定艺术品味的时代已经一去不复返。在湖南超女节目中，看到评委们争先恐后地恭维实在不太成熟的超女的时候，我总以为好像是超女在评评委是否合格一样。果然，有的评委被超女赶下台了，这就是通俗文化的力量和风格！

最具中国特色的民工

中国城市化的一个最有中国特色的现象就是“民工潮”,每年春节前后，在城里辛苦劳累了一年的农民工，省吃俭用积攒了一点钱，要回家过年了，从东到西，从南往北，人流滚滚，纵横千里，势不可挡。

外国人不知道什么叫“民工”，不理解为什么明明已经在城市落脚工作了，却不能成为“市民”？

一些外国人到中国的大城市一看，走马观花，被表面的繁华迷惑了，不相信中国还是发展中国家。他们说：你们的城市和我们的不一样吗？我总是劝他们深入基层看看，特别是在街头闲游的时候。

实际上，他们只要问一问那些正在拔地而起的高楼大厦工地上忙忙碌碌的民工，就知道中国的特殊现象，大量在城市工作的，但没有户口，不能享受城市福利的，不是城里人的“农民工”。

工人阶级二元化是中国特有的现象，原工人变成了“工人贵族”，他们享受终生制，工作轻松，工资照发，劳保福利齐全，还可以享受物价补贴、购买经济适用房。但是农民工，却只能临时被聘用，干着最苦最累的活，拿着最低微的工资，还经常被拖欠，以致于要以跳楼威胁才能得到自己应得的工资；他们没有购房的权力，没有城市居民的身份户口，医疗保险和失业保险对他们来说几乎是开玩笑，所有的市民福利都无缘享受。最令人寒心的是，改革开放三十多年了，老一代农民工已经不指望融入城市了，现在因没有户口而没有权利在城市读书的“民工二代”也长大了，接班了，但他们仍然是农民工。

城市原居民多少有些讨厌“农民工”，因为，公安局告诉他们，坏事多半是这些在城市没有户口的“流动人口”干的，诈骗、偷窃、卖淫、嫖娼、吸毒……

一年忙到头，过年了，农民工回家乡了，城市原居民突然感到半边天塌了：下水道堵塞了没有人修；厕所脏了没有人打扫；抽油烟机坏了没有人清洗；房屋漏了，靴子破了，钥匙丢了……可是，民工回家了……

于是，政协开会有人提案：为了城市户口居民过好年，让没户口的农民工留在城里过年吧！

父母官从谏如流，立即盛情挽留农民工留城过年，还送来了一箱箱年货。记者现场报道，一位白发苍苍的老农民工颤颤巍巍地站起来发表感想：“与民同乐的领导好，明年能送户口就更好了！”

中国各地十八怪

城市化在世界各国都是一样，但是，当你看到满街人头攒动的时候，那必定是中国的城市。

中国的城市由于其历史发展的不同，本来各有特色，然而，在突飞猛进的现代化过程中，其特色纷纷消失，被一个模式的高楼大厦林立的现代化取而代之，甚为可惜。十八怪本发源于云南的地方特色，是民间记录各地文化习俗特点的民间文学。为记住历史：我们在此记录下这些珍贵的印象。

云南十八怪

鸡蛋用草串着买[1]。摘下草帽当锅盖[2]。
三只蚊子炒盘菜[3]。火筒能当水烟袋[4]。
粑粑饼子叫饵块[5]。背着娃娃谈恋爱[6]。
四季衣服同穿戴[7]。蚂蚱能做下酒菜[8]。
老奶爬山比猴快[9]。十八姑娘叫老太[10]。
石头长到云天外[11]。鲜花四季开不败[12]。
火车没有汽车快[13]。脚趾常年都在外[14]。
娃娃出门男人带[15]。花生蚕豆数着卖[16]。
这边下雨那边晒[17]。过桥米线人人爱。

［注释］

[1]老乡们为了方便买主携带，便以竹蔑或麦草贴着蛋壳编，十个一串，可以挂在墙上。

[2]云南竹林较多，许多用具都以竹为原料，以此编锅盖，形于内地的斗笠，便于抓拿，而且透气保温，能使饭菜更加清香。

[3]云南许多地区，较为炎热，终年蚊蝇不绝，特别是野地与牲畜圈里的蚊子个头都比较大，故夸张说三个蚊子一盘菜。

[4]当地人抽烟所用的烟袋很像吹火筒，只不过不是往外吹，而是往里吸。烟气经过水过滤，可以减低焦油浓度，味道更加清凉香醇。

[5]云南产大稻米，特别香糯。把大米蒸熟舂打后，揉制成长条形的半成品，可炒、煮、蒸，颜色白如雪，象内地的白米粑，当地称饵块。

[6]少数民族期盼人丁兴旺，成婚后数日媳妇便回门，等有了娃娃再回婆家与丈夫相聚，开始真正的谈恋爱。

[7]云南地区气候多变，夏不热冬不寒，昼夜温差较大，可说是冷热瞬变；街上四季服饰随处可见，长短厚薄，绚丽多彩。

[8]云南许多地区的人都有吃虫的爱好，蚂蚱、蝗虫等油煎之后，焦脆鲜香，成为美味的下酒菜。

[9]云南多高山深谷，当地妇女从小到老都勤劳无比，爬山越岭、种地砍柴，因此练就了一身矫健的身板与脚劲，七八十岁的老人登山往往如履平地。

[10]云南有些地区口音孃娘不分，姑娘其实就是指姑与孃，把姑姑与孃孃叫为老太，老太也就是内地人所称的小姨。

[11]云南是高原，奇山异石直冲云天外。

[12]云南四季如春，鲜花长开不败。

[13]由于有许多高山峡谷，云南境内的铁路坡度很大、弯道较多，使得火车的速度特慢，比汽车还慢。

[14]云南到处崇山峻岭，爬山跑路多了会有较多的脚汗，于是就做成浅帮

鞋，露出脚趾，更加凉爽。

[15]云南的妇女们历来勤劳，很多外面的活都由她们来干，男人相对来说比较清闲，大多都呆在家里带孩子。

[16]旧时滇省民风多纯善，喜欢以物易物，耻言商品交易，故花生蚕豆等物品都数堆卖，人心就是秤一杆。

[17]形容云南特殊的地理位置与十里不同天的多变气候的，同一座山的两面一面艳阳天，一面倾盆大雨。

重庆十八怪

一读地名头晕，听了古里古怪。
二建房屋密集，层层顺着山盖。
三伏天吃火锅，越麻越辣越爱。
四坐汽车着急，爬山不如人快。
五背行李嫌重，棒棒正在等待。
六装空调时髦，蒲扇也在叫卖。
七叫七十“女娃”，见怪不觉奇怪。
八称八十“崽儿”，听了好不自在。
九怕女人穿衣，肚脐露在裤外。
十好吃面担担，不吃很不痛快。
十一光着膀子，哼着小曲逛街。
十二街边闲望，十分悠闲自在。
十三满街报纸，就像萝卜白菜。
十四青年好赌，比试英雄气概。
十五小伙不高，却有姑娘喜爱。

十六有客来访，麻将桌上招待。

十七公交车上，也有人摆擂台。

十八说话不雅，龟儿老子顺带。

广东十八怪

第一怪：临晨起床先买菜[1]。

第二怪：骨头涨价比肉快（骨头价格比肉贵）[2]。

第三怪：宵夜吃到临晨来[3]。

第四怪：凉茶中药分不开（凉茶实为中药配）[4]。

第五怪：麻将桌子街上摆[5]。

第六怪：睡衣拖鞋逛大街（gai）[6]。

第七怪：羊肉带皮一起卖[7]。

第八怪：鸡鹅猫狗上阳台[8]。

第九怪：广播电视白话快（讲）[9]。

第十怪：四季冲凉真痛快（四季洗澡皆冲凉）[10]。

十一怪：闲侃吹水很实在（闲侃聊天叫吹水）[11]。

十二怪：煲汤必用中药材[12]。

十三怪：天罗地网安全在（门窗全装防盗网）[13]。

十四怪：自来水管在墙外（墙外装）[14]；

十五怪：恋爱拍拖好恩爱[15]；

十六怪：摩托出租很自在（充当出租车）[16]；

十七怪：山形器官拟人态（酷似人器官）[17]；

十八怪：农田全被厂房代（占）[18]。

空穴高楼鸟做窝

蜗居一族没奈何

哥是盲流很烦恼

民工都是两栖鸟

[注释]

[1]广东人喜欢吃新鲜蔬菜，每天起床第一件要做的事就是去菜市场。

[2]广东饮食以煲汤而闻名，骨头煲汤为汤中上品，所以价格飚升，比肉要贵。

[3]广东到处都有大排档，以做夜宵为主，临晨一两点，甚至在三四点钟还有人吃宵夜。

[4]广东人喜欢喝凉茶，有清热解毒的、防治感冒的、健胃消食的等功能。

[5]广东人喜欢在街道两旁打麻将。

[6]广东人穿着飘逸的睡裙和性感的拖鞋招摇过市，自然大方。

[7]广东人宰了羊后立即拔毛，然后肉带皮一起卖掉，或者用来煲吃。

[8]广东人很爱养小动物，城里地方小，只好利用阳台。

[9]广东省属广播电台和电视台中有一半以上的频段使用广州白话。

[10]广东人很爱干净，喜欢洗澡，每日必浴。

[11]广东人认为那些没有意义的讲话是白费口舌，消耗口水，所以叫“吹水”。

[12]广东人煲汤是门学问，要根据四时节气变化、身体的状况等改变配料，而且种类非常多。

[13]在广东省的任何一个地方，无论是偏僻的山村还是喧闹的城市，建筑物有多高，门窗的防盗网栏就能安装多高。

[14]广东不会结冰，水管都安装在房外或建筑物外面。

[15]广东人说男女恋爱为“拍拖”。

[16]在广东摩托车充当着出租车的角色。

[17]在粤北的仁化县有一座丹霞山，有两块如山大的巨大奇石，其形貌酷似人器官，名曰阳元石和阴元石。

(18)珠江三角洲地区目前用于耕作的土地几乎为零。

广西十八怪

绣球最大马最矮[1]，男女恋爱摆歌台[2]。
大年初一祭蚂拐[3]，百岁寿星能打柴[4]。
草帽盖着地一块[5]，稻谷种到云天外[6]。
不叫南海叫北海[7]，海边红树也怀胎[8]。
象鼻饮水山叠彩[9]，米粉吃出三大派[10]。
粽粑大得像猪崽[11]，石头当成宝贝卖[12]。
礼品店里卖棺材[13]，满街都是一脚踹[14]。
山在城里楼在外[15]，乐业天坑成群摆[16]。
千年铜鼓敲不坏[17]，花山壁画好难猜[18]。

[注释]

[1]广西靖西旧州的绣球和德保的矮马闻名遐迩。绣球系广西壮家人的定情物和吉祥物，已有七百多年的历史。

[2]广西素有“歌海”的美誉，农历三月三的歌墟，是壮族等少数民族由来已久的盛大节日，对歌更是成为青年男女交往、恋爱的重要方式。

[3]“蚂拐”为壮语，即青蛙，蚂拐图腾是壮族崇拜的图腾之一。

[4]广西巴马目前拥有的百岁老人数居世界五大长寿区之首。

[5]广西属喀斯特地貌，山民们因地制宜，在山地里开出小块田地，民谚“瓢一块，碗一块，草帽下面盖一块”就是这种“八山一水一分田”的形象说法。

[6]龙脊梯田和金坑梯田相邻，分布在海拔300至1500米之间，从山脚盘绕到山顶，层层叠叠，高低错落，有“梯田世界之冠”的美誉。

[7]就地理位置而言，北海明明在南，但不叫“南海”而叫北海。北海地名

的由来有多种说法，其一“北海”是壮语，在这里的原住民族壮族的语言中，“北”与“巴”同音，“北海”意为海的嘴巴，即出海口。

[8]北海山口红树林植物最让人奇怪的是其独特的胎生繁殖方式，种子可以在树上的果实中萌芽长成小苗，然后再脱离母株，坠落于淤泥中发育生长。

[9]象鼻山酷似一头将长鼻伸入滔滔江水之中狂饮的大象，相传这是一头为玉帝坐骑的神象，因留恋凡间不想回天庭，被追踪而至的玉帝飞掷神剑于神象的背上，神象死而不倒化为石山。

[10]广西人对米粉情有独钟，南宁的老友粉、桂林的马肉米粉、柳州的螺蛳粉号称广西三大名粉。

[11]广西的少数民族逢年过节都包粽粑，而且个头大，当地称为“枕头粽”，可供一家人食用好几天。

[12]柳州一带所产奇石种类多、品质好，号称“柳州奇石甲天下”。

[13]在我国流传着“生在苏州，长在杭州，吃在广州，死在柳州”的民谚，“死在柳州”意为柳州棺材质优工巧、饮誉全国。如今不兴土葬，柳州棺材作为工艺品仍广受欢迎，其尺寸变小了，一些人购之作为家居摆设，其谐音“升官发财”，称之为寿棺，大都采用香樟、香杉、香柏等名贵木材制作。

[14]俗称“一脚踹”的摩托车遍布广西城乡，是深受群众喜爱的交通工具。

[15]奇山秀峰与楼宇、天桥比肩而立，山水与城市巧妙地融合在一起。

[16]“天坑”是岩溶地区地下河运行形成大面积塌陷造成的，广西乐业天坑群是目前世界上已知的最大天坑群。

[17]广西不仅拥有世界上最大的铜鼓，其数量和类型也是最多最全的。

[18]花山壁画为壮族先民们作于左江流域的沿江峭崖上，神情各异的人物图像达1900多个，距今已有2000年以上的历史。

贵州十八怪

石板房子依山盖[1]，火箭帽儿头上戴[2]。

簸箕当成画来卖[3]，没有辣椒不算菜[4]。
牛角喝酒不能赖[5]，豆腐越臭人越爱[6]。
十斤银饰姑娘带[7]，穿着古装到现代[8]。
头上牛角把牛拜[9]，千岁老人走村寨[10]。
唱戏不用搭戏台[11]，两片衣服前后盖[12]。
稻谷排队空中晒[13]，侗族大歌震老外[14]。
小小猪儿价钱怪[15]，娃娃包着面皮卖[16]。
吊脚楼上好自在[17]，唱着山歌谈恋爱[18]。

[注释]

[1]典型的屯堡风格建筑就属此类。
[2]指苗族里的大脚苗。
[3]簸箕画是在簸箕上用青苔及树皮等做的地方民俗风格画。
[4]贵州花溪、遵义辣椒尤其出名，有辣椒也是菜的说法。
[5]苗族人民欢迎你到来的最佳方式是喝牛角酒。
[6]家乡的臭豆腐闻起来臭，吃起来香。
[7]苗族女孩出嫁一身豪华银饰最能体现其家族身份、地位、富裕程度。
[8]苗族人民穿的传统衣服。
[9]牛是苗族的崇拜图腾。
[10]得天独厚的气候环境非常适宜养老。
[11]屯堡文化里的地戏就是不搭舞台的戏曲。
[12]短裙苗是最前卫的民族服饰。
[13]收获的季节去田园就可以一目了然。
[14]侗族大歌唱响海内外 。
[15]猪是越小越贵 。
[16]小孩很小就承担起经济负担。
[17]苗族的典型建筑风格是吊脚楼 。

[18]苗族的婚恋是通过对山歌来交流的。

陕西十八怪

扯面宽得像裤带[1]，男女帕帕头上戴[2]。
四季一身黑穿戴，瞪眼锅盔像锅盖[3]。
羊肉泡馍大碗卖，有了辣子不吃菜[4]。
男人唱戏吼起来[5]，女人唱戏装病态。
哭丧说唱分不开，香烟不抽耳根塞。
吃面涎水倒回来，皇上按着两行埋。
人名都被动物代，固守本土不出外[6]。
老人都把皮影爱，手背身后走路快。
家家厢房半边盖[7]，信教只有老太太。

[注释]

[1]扯面也叫冰冰（读biang--biang）面，正宗的关中人所做的冰冰面，一根面条宽度可达二三寸，长度则在1米上下，厚度厚时与硬币差不多，薄时却如同蝉翼。一根面条足够一顿饭。

[2]陕西地区盛产棉花，当地人习惯把用棉花织成的手帕戴在头上，它既可防尘防雨防晒，还可以擦汗擦手和用来包东西。

[3]相传在唐代修乾陵时，因服役的军人工匠往往为吃饭而耽误施工进度，受到惩罚。有一士兵在焦急之中便把面团放进头盔里，把头盔放到火中去烤，烙成饼。锅盔在陕西已有上千年的历史了，锅盔要数“乾州（今乾县）锅盔”最好。

[4]在陕西“没泼辣子”是一道菜肴，西安城里家家户户挂满一串串红辣椒。

[5]秦腔的特点是高昂激越、强烈急促。尤其是花脸的演唱，更是扯开嗓子大声吼。

[6]据说关中地区土地肥沃，所以极少有人为生存而奔波于他乡异地。因而有“老不出关（潼关），少不下川（四川）”的谚语，男人不远行，姑娘不远嫁。

[7]据说因为陕西干旱少雨，一边盖的房子能让珍贵的雨水全部流到自家的田地里。

新疆十八怪

敬酒歌声不外卖[1]，鞭子底下谈恋爱[2]。
达城姑娘把妹带[3]，吃的烤馕像锅盖[4]。
大盘鸡里拌皮带[5]，风吹石头砸脑袋[6]。
胶鞋套在皮靴外，猪字不要随便带[7]。
兵团姑娘不对外，夏日要把皮袄带。
铁床摆在大门外[8]，男人爱把花帽带[9]。
汽车要比火车快，结婚宴席无酒菜[10]。
井底全部连起来[11]，香甜瓜果吃不败[12]。
美玉泡酒酒好卖[13]，古丝道上地名怪。

[注释]

[1]每当你来到新疆蒙古族人居住的地方，很容易被他们热烈而独特的敬酒礼节深深吸引。

[2]“姑娘追”是新疆哈萨克族的一种马上竞技活动，“姑娘追”据说是上古“追姑娘”的风俗演变而来。

[3]西部歌王王洛宾的一曲《达坂城的姑娘》，唱红了全中国。
[4]馕是维吾尔族人的主要面食。
[5]近几年新疆最风行的时尚饭菜，与新疆烤羊肉串一样出名。
[6]新疆一些地方刮起大风，其猛烈之势不亚于沿海的台风。
[7]伊斯兰教把猪肉、猪油当成禁忌之物。
[8]因为吐鲁番太热了，夜里大家都喜欢在房外睡觉。
[9]在新疆，维吾尔族男子多戴着一顶布满花纹的绣花帽。
[10]新疆维吾尔族人的婚宴一般不摆酒，也不放很多的菜。
[11]吐鲁番的坎儿井，是许许多多的竖井，顺着从高到低的地势排列成行，从井的底部相互凿通而形成一道地下暗渠。
[12]新疆素有“瓜果之乡”的美称。
[13]近几年，有人发现一种叫美酒玉的玉石可以泡水当饮料，据说常饮这种玉石水能令人增寿。

吐鲁番十八怪

火州人民真能耐，四十度天算凉快。
沙埋活人治病快，奇效乐坏“李铁拐”。
夏天门窗捂起来，床铺摆在大门外。
焚风烈日伞不开（不打伞），姑娘漂亮不怕晒。
石头烙饼放不坏，鸡蛋变熟沙里埋。
蜂窝房屋到处盖，葡萄晾干才外卖。
早穿棉袄午纱戴，炉边吃瓜好痛快。
山如火碳好厉害，神猴高僧也无奈。
扳倒古井饮牛羊，矿泉奢侈来灌溉。
都城不见砖瓦块，残垣断壁人人爱。

冬季“坟堆”漫地排[1]，死尸千年不腐败。

骆驼刺上把蜜采[2]，天上掉下石瓜来[3]。

羊肉不膻高粱白，红烧牛羊饼作盖[4]。

一炉烤出千夫菜[5]，整牛全驼敬老外。

裙子穿在长裤外，胶鞋套在靴子外。

满头小辫迎风甩，满街“驴的”跑得快。

一台舞会千人赛[6]，少年游戏老人爱[7]。

县长办公人不在（不坐堂），泡在缸里找凉快。

［注释］

[1]“坟堆”指冬季埋起来的葡萄墩。

[2]鄯善县某处20平方公里的骆驼刺上结有糖粒，采下可食。

[3]鄯善县某处山坡上有瓜一样大的圆形石蛋儿，中间空心，据说是火山迸发时熔岩在落下时凝固而成。

[4]指鄯善流行的盖饼子肉。

[5]葡萄沟世界大馕坑可一次烤出一驼两牛十羊，可供千人食用。

[6]指千人麦西来甫。

[7]指地方民间舞蹈纳孜库姆。

以农为本与土地所有权

中国传统经济是以农为本，这一认识在一个人口众多的大国是难以动摇的。人不吃饭就会饿死，什么道理都大不过它。不论在任何情况下，农民、农业和农村的稳定都是第一位的。

中国的五千年文明史，好也罢，歹也罢，都立足于这一基本点上面。从辛亥革命以来，中国应该说是开始往市场经济、工业化和现代化奔，但是由于只顾一头，把几亿农民抛开不管，结果农民没有饭吃，社会就不能稳定。蒋家父子在台湾反思失败的时候，学习毛主席著作才明白了农民问题是头等重要的大事，可惜后悔来不及了。

毛泽东的成功就在于他本人出身于农民，了解农民的立场、要求，其大政方针都是以农为本。农民离不开土地，先实行“打土豪分田地”，但是建国后土地又收归公有了。

集体化让大家敞开肚子吃，吃得精光。还是得请邓小平出来，分田地。虽然分的只是使用权，但农村暂时还是稳定了。

建国社会主义改造之后，生产资料公有了，但住房的土地一直是私有的。没有想到，在文化大革命之后又发生了更彻底的革命，82年宪法宣布所有土地都归国有。当时的人们刚刚走出文化大革命，惊魂未定，不敢想也不敢说。

到改革深入发展，住房私有化，国家要求购买住房者交钱购买土地的使用权。有世世代代住自己的房屋者百思不得其解，我当初买的就是所有权，怎么现在变成使用权了？

于是，中国出现了极为有特色的土地产权制度：所有的土地所有权都是国家的，农村的集体土地如果要出售，必须先由国家收回，农民只能得到很少的征用费。然后，国家就可以按十倍百倍的市场价出售国有土地使用权。

于是，各级政府突然发现，继出售国有企业之后，手里又有了花不完的钱，可以大规模建高楼大厦，迅速城市化。更可贵的是，每隔70年缺钱花的时候还可以收回已经卖出去的土地，国家再卖一次，人民再买一次，国家再卖一次，人民再买一次……无限循环，以至无穷匮也……

最二元经济

中国的经济学家都说中国经济是二元经济，但是他们忘了，最二元的不是传统产业和现代产业，而是科学和迷信共存的二元。前者的二元还好改变，后者的二元恐怕到下个世纪还难以改变。

似乎是中国龙太长，它的头已经进了现代化的门；但是，身体还在启蒙状态或刚刚睁眼看世界；至于尾巴，也许还在蒙昧时代、原始时代。

从上世纪80年代至今，我在世界各国断断续续地游历了不少地方。最初，国外什么都比中国先进，慢慢地发现，在中国的大城市北京、上海、深圳等地，世界上最新式的建筑如雨后春笋般长出来，数不清的最新式豪华汽车到处乱跑，计算机充斥办公室、家庭，连讨饭的叫花子也在玩移动电话……

到处都是大腹便便的肥佬、胖妞，减肥药卖疯了，爱时髦的姑娘不惜几百元做一次头发，上千元的美容套餐，几十万元的整容，惊世骇俗的变性……

几千年的婚姻观念哗啦一下全乱套了，刚刚试婚、闪婚，腻了，又

伢崽长大飞进城

留下老汉忙春耕

开始换妻换夫、同性婚、不婚……

然而，就在离城市不远的农村，特别是交通不便的大山里，时间似乎凝固了，还是一幅古老的油画：月亮还是那个月亮，星星还是那颗星星，泥巴墙还是泥巴墙，茅草房还是茅草房……朴实得近乎呆傻的人们还没有见过火车、汽车，小孩上学要穿山涉水十几里路，一年只有在过年的时候吃一次肉，娶媳妇还要靠人贩子从外面骗卖过来……

都是电视惹的祸，大山里的年轻人看到外面的神话世界，义无反顾地离开了农村这一元；但老弱病残走不动了，留下了，继续苦苦地撑着。

农村干部向上级报喜，粮食连年丰收；城市居民手里的钱是越来越多了，但猪肉也越来越贵，房价更是涨的不敢想象。经济学家忠告说，不要买房了，国外大多数人是租房住！

年轻人听了经济学家的话，真的都去租房住，但发现房主都是讲课的经济学家。有大胆者冒昧地问一声：您老人家不是说不要买房吗？经济学家说：我这不是买房，是理财！

奶牛的堕落

谁也没有想到，中国的奶业会以如此可悲的方式从高峰突然下跌到零点。“伊利”和“蒙牛”这两个响当当的名字，一度是中国奶业的骄傲，是中国儿童的福星，是振兴中华的保障。

由于三聚氰胺发现，人们突然用怀疑的眼光看那些吹得神乎其神的食品，经不起考验的食品制造业很快面临一场灭顶的危机。各种添加剂加到食品中，含糊其辞的华丽包装加到价格里；可恨的是，性感明星极

多了

孵了

流了

医生技术高超
公鸡独立叫好
他年孤家寡人
到头只知急了

具诱惑的煽情，使我们吃下去多少拉不出来的东西。

奶业协会充当奶业企业的保护神很尽职，说是根据中国特色，在奶牛吃的草料富含微量元素的社会主义初级阶段，中国儿童不宜吃得太刁，所以得大大降低卫生标准，以便于增强中国儿童的抵抗力。

然而，出乎意料之外，奶业协会没有想到中国消费者这样崇洋媚外，帮忙没有帮到点子上，反而一举全歼中国奶牛和奶业，宣告了中国奶业的死亡。洋人的奶得来全不费功夫，因祸得福。

我想给奶业协会写封信，想打出关键词：先是打“弄巧成拙”，太长不好记；再打“帮倒忙”，不太准确；总觉得好像缺点什么——喔，是了，就是缺点什么！缺心眼？不对！缺知识？不对！

缺点什么呢？“缺德”！

返璞归真

一些城市居民蠢蠢欲动向农村返璞归真，这也许是放之四海最准的真理。无论什么人，无论在什么时候，即使是叱咤风云的帝王将相，风流绝代的才子佳人，在人生高潮即将逝去的时候，返璞归真都是不可抗拒的。不信？到人们给你送花圈的时候就知道了。

中国改革开放三十多年来确实发生了翻天覆地的变化，从物质享受方面看，真的是画了一个圈。开始，什么都是自然状态的、土生土长的，吃的大米、蔬菜、水果，穿的棉布、棉衣，用的葵扇、煤油灯、火柴，等等。那时候人们觉得很穷，十分羡慕发达国家的现代化，汽车、电视、空调、电冰箱、洗衣机，等等。

后来，改革开放了，最初是出国的人带回大件小件，国内人民无不垂涎以滴。很快，合资、独资企业登陆大陆，以越来越便宜的价钱生产出大量电器设备，回国的人们渐渐觉得国内什么都有，而且价钱便宜，再往国内带家用电器，简直就是没见过世面的“老土”；更精明的出国人员，开始往外带电子产品，特别是价格低廉的山寨品……最搞笑的是中国的组装山寨DVD，具有极强的识别能力，正宗进口货无法识别的山寨音像作品，中国产山寨DVD却非常适应！

再往后就到了今天，很多人开始厌倦了大都市的充满着汽车废气的空气，添加了色素、防腐剂、调味剂等的食品，更可怕的是三聚氰胺奶、陈馅月饼、假烟假酒……

恍然大悟，人们开始往远离城市的田野、山间游玩，度假，居住……

高雅的成功人士开始追随陶渊明向往乌有之乡：

归去来兮，田园将芜，胡不归！
既自以心为形役，奚惆怅而独悲！
悟已往之不谏，知来者之可追；
实迷途其未远，觉今是而昨非。

有诗曰：

千年奋斗追求，抗争忍让诅咒。
资源即将耗尽，来日无缘享受。
早知如此归属，不如细水长流。
低碳、循环、持续，为了我们地球！

第十四篇

中国武术十八怪

中国武术流派，名声吹遍天外。
谁敢叫板打擂，请报大名上台。
一曰行走江湖，常居庙堂山寨。
二曰讲究规矩，举止都有门派。
三曰少林武当，谁为仲伯难猜。
四曰互不买账，有种就打擂台
五曰都敬皇天，关公最为崇拜。
六曰武功神秘，腾云渡水轻快。
七曰笃守忠义，好汉不理钱财。
八曰不贪女色，要爱就要博爱。
九曰不务正业，吃喝都很潇洒。
十曰周游四方，路见不平手快。
十一武功秘诀，师徒相授传代。
十二飞墙走壁，轻功如神奇怪。
十三手到穴点，中招就得痴呆。
十四气功了得，铜头铁臂小菜。
十五仙丹护身，百毒不侵有解。
十六刀枪不入，义和八国兵灾。
十七重义尚文，黩武就会失败。
十八不畏强敌，舍身取义实在。

天下第一的武侠精神

在中国传统文化中，武侠精神拥有巨大的影响力，近年来，随着金庸小说的流行，达到登峰造极的程度。北京大学一度推崇金庸和他的小说，用其作品取代鲁迅等人的作品。

从世界范围看，中国的武侠精神大概与欧洲的骑士文化一样，都是传统的历史文化现象。武侠和骑士，都有“替天行道，除暴安良”的德性，为了吸引眼球，往往又都和美女有些瓜葛。著名的唐吉可德先生为了他的梦中情人杜尔西内娅，骑着瘦马，举起枪杆，挑战风车，即使被人暴打，遍体鳞伤也无所畏惧。

咱们中国的大侠就更可歌可泣了。

首先，中国的武侠是有内涵的，素质很高。按金庸老先生的定义通常是熟读四书五经，能克己复礼，而且逢男必然英俊潇洒，论女则俏媚可人，在大行大义的大事过程中，不失时机地动情做点爱爱小动作。

其次，中国的武侠很富，但来源可疑。可以大吃大喝，接济贫困，救赎危难，却不需要工作；不知道是否都是有一个好爸爸，或在财政预算中预留有一笔说也说不清、看也看不明白的预算外资金？

再往下就是中国的武侠身手矫健，永葆青春，绝不言老，也不会死。不论遇到多少敌人，从古代的虎贲，到今天的日寇，只要中国武侠出场，将那祖传的宝贝玩意儿一甩，哈哈，砸吧砸吧眼睛，喝一口酒鬼，哼一声小曲，就“可上九天揽月，可下五洋捉鳖”。有时候，背上背着美人，就像吕布背着貂蝉一样；胸前绑着“阿斗”，就像赵云一样；大吼一声，像长坂坡的张飞一样；在百万大军中取下上将军首级，像关公一样，接着就是“谈笑凯歌还”了！

还有很多特点，就不一一例举了。

当然，武侠还是有禁区的。

一是不反皇帝，只反奸臣。因为武侠精神的核心是“忠义”精神，而忠与义的对象最高不过是梁山好汉们的“明主”罢了。

二是不碰洋人。中国的武术在国人心目中一直是最棒的，天下无敌，但是，他们的天下通常不包括西方世界。也许是慈禧太后老人家唆使义和团与八国联军较量过，心知肚明，因此不管多么狠的大侠，还是不敢和“船坚炮利”对抗。那中东枭雄萨达姆、卡扎菲等，都是忘乎所以，违背了这一条，结果无论什么“武功盖世”，只要人家出动一架无人机，都可以轻而易举地战胜你。因此，在武侠世界，一个默认的前提就是，假定枪炮世界不存在。

有《武侠歌》为证：

立如松，坐如钉，电闪雷鸣不动。
身如铁，气如虹，水火土木真金。
心如石，志如磬，吃喝嫖赌不碰。
时如水，事如影，因缘命运皆空。

侠客与骑士

每当我看到各种自吹自擂或他吹他擂的武功大师，我总是不由得想起唐吉可德那瘦长干瘪的身躯，骑着同样枯瘦如柴的老马，在忠实的粉丝的怂恿下，为着美丽的梦中情人奔走。

中国古代的侠客与欧洲的骑士大约相当，如果让他们比试比试，不知道结果怎么样。当然，如果有耐心的话，总有一天我们会在奥林匹克运动会上见到的。

在中国电视里，总是一味地说中国功夫如何了得，两米高的西洋拳师被打得哇哇乱叫。可是，最近有一则未经考察的小道消息报道，说少林寺推出的一流武僧，在与西洋特种兵的格斗中，被人一拳打倒在地，花拳绣腿的面上功夫漏了陷。

消息是真是假并不重要，但即使按中国功夫世界第一的传统说法，也没有人吹自己比钢戈铁马还厉害。所以，江湖义侠之类总是过去时了，再吹也不过西洋骑士和东洋武士道一类，让恋旧的老人重温过去的美好时光。自80后起，人们宁可花大价钱听信罗琳女士瞎编“哈利·波特”，也不会再浪费光阴去忍受老套的英雄美女故事了。

正当北方的武侠不新鲜以后，南方的黄飞鸿又展翅飞翔了，佛山还推出了叶问，都是天下无敌的好汉。我真想建议赵本山编个段子，如果让霍元甲、黄飞鸿和叶问比试比试，结果会怎样？要叫我这等瞎编能力较差的文人说，只好是霍元甲与叶问打了个平手，黄飞鸿再出来请客，说大家都是中国人，不要打内战，要一致对外。于是，组成三人小分队，参加奥林匹克武术大会。

美女与英雄

“英雄救美女，美女爱英雄”，这是时下最时髦的老套故事，中国江湖好汉一族也属于套中人。从电影电视里看，如《少林寺》、《霍元甲》、《射雕英雄传》等，简直是没有女色，就演不成戏，如同没有鸡精，不成宴席一样。

据我考证，正经的古代武侠作品，还是注意作风问题的。不像今天男盗女娼了，还要人模狗样地地树碑立传。

中国最著名的英雄传说中，杨家将主角就是兄弟七个，正经地打杀完了，才轮得上陋野的所谓“十二寡妇征西”，大概是为满足俗人口味。以杨家将名义出场的还有“将二代”杨宗保的妻子穆桂英，上面还有百岁挂帅的佘太君，那都是男化了的巾帼英雄，应该是虎背熊腰，没有半点轻佻性感的意思。

脍炙人口的《水浒传》中一百单八将，也只有燕青和王矮虎几个是喜欢女色的。燕青号称浪子，色诱功夫了得，竟挑动了宋徽宗的宠物名妓李师师的芳心，但在很大程度上还是为了梁山好汉的替天行道的伟大事业，为革命利益作出牺牲，属于《色戒》一族。《水浒传》写燕青是浪子，但作者很注意分寸，不作为主要人物放在高大全的部位上；况且人家就叫浪子燕青，光明正大地干，还很有分寸，——即使见了天生尤物，怜香惜玉，也只拜姐弟，不动声色，算得上另类英雄。

只有王矮虎那厮不是东西，见了女人就顶，所以说他“好财好色，杀人越货，武艺低微，形容丑陋”。在战场上见了美貌的扈三娘，竟然胡思乱想，结果被扈三娘给捉了。

我很纳闷，扈三娘作为梁山大寨里的第一美女，为什么不嫁宋江、或林冲、武松一类？宋江又不是扈三娘的父母，凭什么做主将扈三娘给了王矮虎？祝家庄主满门尽灭，扈三娘本人被俘，怎么会苟且偷生，以身相许那猪猡般的色鬼王矮虎？真是岂有此理？！

我敢说扈三娘绝对看不起王矮虎，不会甘心情愿下嫁这要才没才，要样没样的色鬼猪猡。扈三娘应该是被作为战利品或俘虏赏赐给王矮虎的。

按宋江的说法，“贪女色，不是好汉的勾当。”这说明当时的江湖好汉应该是远离女色的。作者顺应当时人们的欣赏习惯，贬低女性，所以对美女有意折磨，这也是一种“意淫”吧，不像现在一定要英雄配美女。

这样看来，现在流行的武侠英雄都是背离了传统、走火入魔的武侠，不是真绿林好汉。

中国气功与义和团

中国功夫在世界上还真是名声在外。我在美国访学的时候，有一天傍晚，从商店出来，遇到一个黑人伸手要钱。我没有带现金，为了表示配合，伸手到口袋里摸。不知道是我的身材高大有些“纸老虎”模样，还是我的动作有些唬人，那黑人愣了一下，竟掉头跑了。

我百思不得其解，细细一琢磨，可能是因为我练过长拳、气功之类，动作还麻利，下意识的一摆手，别人以为我要动手了，赶紧退缩。

看来，学点中国功夫还有点用，紧急关头可以唬唬人。

可惜的是，义和团时期中国功夫漏了陷。自称刀枪不入的义和团面对船坚炮利的八国联军，赤膊上阵，被洋枪洋炮一轰，血肉横飞。据说，大当家的无计可施，想出了最搞笑的办法，用大粪、女人的内裤之类在中国江湖上看来晦气的物品，挂在枪尖上，抵挡洋枪洋炮。

看来义和团的功夫不顶屁用，八国联军势不可挡地进了北京城以后，烧杀掳抢。最后，只有婊子挺身而出，就像张艺谋的《金陵十三衩》一样。爱国妓女赛金花隆重出场，竟然用德语与联军统帅瓦德西打情骂俏起来（就像金陵十三衩用英语动员美国流氓保护女学生一样）。快活以后，有情有义的瓦德西知恩图报立即下令，实行“三大纪律八项注意”，此后，北京城方才安顿下来。

显而易见，男女搭配，干活不累。中国男人的硬功夫应当加上中国女人的软功夫，才是所向披靡的中国功夫。

第十五篇

中国医药十八怪

（一）

医院大门朝南开，有病无钱莫进来。
进院就是全检查，收费动辄上万块。
医商勾结搞腐败，药品回扣进钱快。
价格管理名义在，化整为零巧安排。
公益事业商业化，有钱能使鬼变乖。
以人为本好借口，春药性器上柜台。
一生存钱图平安，一病就使家衰败，
药品改装涨价快，中药贴上洋品牌。
黑医黑药黑心态，草菅人命成重灾。

（二）

中国医药千载，百病莫能侵害。
只是病倒急了，还拜神仙奶奶。
一承天人合一，阴阳五行世界。
二说始祖神农，传宗永续龙脉。
三行实践第一，理论说不明白。
四要清心寡欲，老婆如何安排？
五讲君子大度，气极就会败坏。
六倡气功运动，丹田发气循环。

七遇中暑晕倒，刮痧就会清白。

八扎针灸治病，刺猬也要吓呆。

九遇跌打损伤，狗皮膏药一块。

十去药铺抓药，蛇蝎王八蟋蟀。

十一无名肿痛，热酒热敷解排。

十二异性按摩，目不邪视学坏。

十三以食为天，食疗一桌好菜。

十四包治百病，无本（悟本也）绿豆疯卖。

十五泥鳅生猛，生吞活剥好菜。

十六一针鸡血，从此烦恼不再。

十七中药改革，西装外包柜台。

十八要问价格，只把国人吓坏。

包治百病的中药

中药的来源一言以蔽之是天地万物，无物不药。治疗方法也是千奇百怪，食疗是最受欢迎的，独具一格，特别有意思。吃可以治病——这显然有道理，而且是“包治百病”，因为，只要你能正常吃饭，肯定身体很棒；食欲不振，甚至难以下咽，多半是病得不轻的时候。前一段有人说“红薯包治百病”，近日又有“绿豆治百病”的说法，我估计都是在没饭吃的时候说的。早期有更奇怪的“鸡血治百病”，那时候，吃鸡还是很奢侈的事，鸡血就更金贵了。

有人投诉说这是骗子，但说这话的大概不会是病人，只是想挣钱而已。但凡病人都不会说别人骗，特别是病急乱投医的时候。即使知道是骗子，也甘愿被骗一次，至少比等死还是有些希望，而希望总比绝望强。

为了改变信誉不佳的形象，中医药做了很多包装改革，通常的做法是把中药捣碎，做成丸子，包装起来，就成了西式中药。这种换装不换药的做法很快不灵了，现在流行的方式是中西混合：西医不灵了看中医，中医不灵了又看西医，不断地互换，大大地延长看病时间，这意味着生命的预期存活期也延长了。

这样一来，到哪一个医院看病，要区分出中医西医，还真不是件容易的事。

有诗为证：

西药穿西服，中药有中装。
本来药依旧，何必改包装？
中西要结合，科学是红娘。
实践诚可贵，理论太荒唐。

精神疗法与精神胜利法

我们中国是一个文明古国，啥事都显得文绉绉的，这在中医药方面体现得淋漓尽致。听中医吹牛很有意思，一扯就扯到伏羲神农，阴阳五行，意志不很坚定的人渐渐地就入神了，催眠了，中了精神疗法的招。

精神疗法在中医药的实践中有巨大作用，很多中药其实就是精神疗

阴阳五行和合　　天时地利人和

五禽都有戏

猴哥最给力

法的“托”。例如，“吃啥补啥”的中医药观多少有些疗效，就是一种精神暗示。吃肝补肝、吃胃补胃，还能容忍；如果吃猪脑就补脑，那还是不补为妙。否则，补出一个猪八戒叫美人儿如何受得了？

更广义地看，人们常常津津乐道的气功疗法大抵也是属于精神疗法。通通脉，顺顺气，还多少有些道理。但能让人长生不死，让太阳上下乱跳，那纯粹是胡扯了，偏偏就有那么多善男信女相信。

精神疗法走到极端就与神仙法术差不多了，古时候皇帝最喜欢那些掌握长生不老之术的道士，这些人精通炼丹之术，信仰坚定不移，擅长“舆论导向”；有些还真“有所发明，有所创造”，例如改变世界发展方向的火药就是他们倒腾出来的；其余如赵章光补发剂、王老吉凉茶、脚癣一洗净等，都是如法炮制。

秦始皇、汉武帝都曾梦寐以求长生不老之方，因此都是方士、道士的粉丝。谁都知道秦始皇指派了徐福带三千童男童女赴蓬莱仙岛求长生不老之药。可惜秦始皇聪明一世糊涂一时，他也不想想，“将在外，君命有所不受”；即使徐福找到了，难道不知道自己先用了，等到秦始皇驾崩以后，再潇洒而归，最好是等到今天咱们国家大规模引进海归人才的时候。你想想，那些海归花几千美元买个“西太平洋大学”、“北大西洋大学”一类文凭就可以当“全球副老总”，我徐福老人家，以童颜鹤发，千年潇洒走一回地归来，还掌握不死之术，不捞个司长、部长的干干，那也对不起秦始皇的殷切期望啊！

据说日本人就是徐福的后代，日本人想占领中国，大概还真有“衣锦还乡”的意思。只是有没有长生不老之药不得而知，也许在日本与神仙等价的天皇就是徐福老先生？

医生卖药与江湖郎中

打劫，是黑道上搞钱的惯用伎俩。拦路劫、绑架劫、美人劫、设套劫等，都是常见的劫术。只要你有把柄被人掌握，那么，你就随时可能被打劫。

健康是最重要的民生问题，每一个人都要看医生，至于什么时候生什么病是没有商量的，因此，谁都不敢得罪医生。那时候，是生存，还是死亡，就听医生一句话了。用流行的话说，这就叫信息和权利不对称。

如果你碰到一个打劫的医生，那就是世界末日了。

你想想，如果你或你的至爱亲朋得了疑难杂症，碰巧有个掌握着对症下药的医生狮子大开口，你恐怕也是没有商量的。毕竟，在要命还是要钱的考验面前，绝大多数人还是要命。这就相当于医生劫。比如篮球明星魔术师约翰逊得了艾滋病，假定艾滋病专家何大一先生要求他拿出全部财产来换命，那约翰逊也就只有束手就范了。这还完全是自愿的。

今天中国医生已经集体宣誓开药店，高度的步调一致能保证他们在对病人这个弱势群体的战争中取得完胜！

现在，一个病人去看病，无论到哪个医院，不管三七二十一，先是全部检查，收费尽贵的写。所以，先进医疗设备卖得很好，回收利润也奇高、奇快。往下开药层层加价，出厂价几块钱的药，经过几道药贩子，到医院、医生手里，已经是几十、几百的了。因此，看病成了中国老百姓最困难的事。更可怕的是，还真有没有钱就只有不要命的，而且不在少数。

政府有时候也发话，通常的办法就是强令限制药价。可是上有政策下有对策；凡是限价的药，很快就消失了，没人生产了。实在要用的药，经过包装改造，以新名词出现了，自然还是高价。反正埋单的还是病人，医生不赚白不赚。

政府失灵了，老百姓实在没有办法，只好求助于神仙、菩萨。

有需求就有供给，于是，××功应运而生，各种江湖郎中也是“野火烧不尽，春风吹又生”。旧时卖狗皮膏药的江湖郎中早已换了大白褂，带上博士、教授的头衔，电视台都联袂推出了。在大家都不读书的时代，养生书竟然“卖书卖到头发晕，收钱收到手抽筋”，加印多少也“不能满足人民群众日益增长的需要”。

主管部门终于想起要管理，严令禁止出版发行这类书。但是，禁是禁了，老百姓生了病还是要看医生；看不起医生，还是要看禁书，而且越禁越要看。

第十七篇

中国语言十八怪

中国是个大家，东西南北四海。
叫我如何想她，才能东方不败。
初看甲骨象形，意思不甚明白。
二至秦皇统一，万众一口朕裁。
三写书法独特，多家艺术门派。
四听文言讲经，一头雾水乱猜。
五带抑扬四声，宛如唱歌比赛。
六逗地方方言，叽里呱啦古怪。
七曰见到生字，只读半边瞎猜。
八烦一字多音，容易产生意怪。
九传明言暗语，不懂慢慢理解。
十说诗词改革，“梨花”“羊羔”比赛。
十一幽默搞笑，相声誉满中外。
十二信息爆炸，老顽无法忍耐。
十三手机文学，都从网上下载。
十四中英夹杂，土洋结合时代。
十五流行快读，视频图画色彩。
十六最烦深刻，没有时间忍耐。
十七错字别字，坚持就变正解。
十八群发黄段，网络给力时代。

叫我如何不想她

中华民族的一个最明显的特点就是汉语。汉语本是异常的纯洁，五四以来，新文化人士受西方文化的影响，举起了汉语革命的旗帜，不过，经过无数次的折腾，革命党老的老了，倒的倒了，变的变了，跑的跑了，至今这被革命的对象还是独树一帜，越活越年轻。“汉语革命党”人一边咒骂汉语，另一边又使用汉语。虽然有时候，他们“发誓决不用汉语”，而是使用拼音，然而在拼音的形式下，骨子里还是汉语。而且每当发誓坚决与汉语决裂的时候，忽然间又冒出更多的理由使用并加强了汉语。

当然，汉语革命党人的功夫也没有全白废，多少还是在汉语中留下了痕迹。最可笑的是关于“她”字的使用问题，生动的反映了在一场革命中形形色色的人物的地位与他们使用的各种招数套路直接相关。

最值得一提的就是汉语革命党的主将刘半农留下的一首有名的诗集《叫我如何不想她》，由于为中国老百姓喜闻乐见，使得“她”在汉语中生根扎寨，也把自己的名字留在文化革命中。可见，“政策和策略真的是党的生命”。

汉语中本无区分男女第三人称单数代词的传统，但是因为英语中有He、She、It之分，于是崇洋媚外的文化革命精英们，开始自主创字。最早提出“汉改英”问题的是周作人，但首先提出创新字“她”的却是刘半农。刘写了一本有名的诗集就叫《叫我如何不想她》。周发文反对，他仿日本“彼女”先例发明了“他女”，一度风行一时。不久，钱玄同又造了一个“妠”的字（发tuo音）。

面对多方进攻，周作人以退为进，主张把中国文字中原本表示第三人称的“伊”字拿来限定专用。随后，舆论界兴起一场大讨论。在公开发表的讨论中，主张第三人称代词要有男女性别之分的意见，还是明显占据了主导地位。最后的结果，大家达成妥协：男（他），女（她），物体（它）。

仅仅一个字，就引起如此大的争论，何况整个汉字体系，看来汉语与中华民族的文明发展难以分离。

著名的OECD经济学家麦迪森，从经济研究的角度，发现汉语可能是中华民族维系不同于世界其他民族文化的重要形式。他的说法有道理，因为汉语的显著特点是它具有强烈的稳定性，如果废除了汉字，中国一定会分裂成许多小国。在幅员辽阔的中华民族内部，南北方人的生活环境、风俗习惯和方言等差别非常大，在交通不便的古代，是什么维系着他们之间的关系？汉语是力量最强大的因素。欧洲国家原来都统一用古拉丁文，但由于是拼音文字，随着时间变化就产生了很大的差别，以至于形成很多民族。如果中国实行拼音化，经过几代人，福建、广东、台湾、上海等地就会因为发音不一样而创造出许多新字以符合他们的口语，最终，就会创造出完全不同的文字，而这些差别将导致文化的分化。

具有戏剧性的是，经过风风雨雨的汉语改革，到似乎即将要统一的计算机时代，人们突然发现汉语比英语等拼音文字更适合信息时代，反对汉语的声音才戛然而止。

有诗为证：

人人都说汉语老，临到用时甩不了。
若即若离数百年，电脑时代又是宝。

传统都在海外

文化大革命对传统文化的清扫是很彻底的，以至于现在要想了解中国传统文化环境，只能到港澳台去，你会发现那里的文化环境与大陆旧社会一样。最令人拍案称奇的是，再远一点到东南亚周边国家看看，那里的华裔或侨民也在使用着大陆旧社会的语言，即使原住民，其风俗习惯很多与大陆旧时一致，例如农历节假，还有服饰。你基本上可以认为，他们一直停留在美好的旧时光。而在大陆，文化已被革命了，很多传统的东西已经一扫而光了。韩国人很高兴，因为，他们可以没有争议地将中国很多东西去申遗。

最叫你狼狈的是，你见人打招呼写信的时候，经常不知如何称呼。以前，先生、老爷、少爷、太太、小姐，都很有教养地、温文尔雅地、规规矩矩地叫，上下有序，左右逢源，社会秩序十分良好。文化革命一起，温良恭俭让被打倒在地，踏上一只脚，永世不得翻身了，大陆上所有的人都被称为“同志”，为区别起见，无非是加上“老小男女”之别。

现在开放复兴了，想要建设和谐社会，文明风气，首先要解决称呼问题。比如说见了结婚了的女士，还是勉强可叫“太太”，但见年轻女性，若叫“小姐”，肯定要挨耳光。接着就有一阵子“姐姐”、“妹妹”的乱叫。问题是，搞混了，你唱“我家的表叔数不清”，鸠山只想到是“八格牙路”，组织部可不这样想，他以为“你家的表叔搞不清”，不知道你与美女们是什么关系，有关系暧昧之嫌，升官就得暂时放一放了。终于，有聪明人发明一个通称美誉“美女”，现在流行到女性“老少皆宜”了。

对男士的称呼有些麻烦。因为，老爷、少爷已经完全废弃了，“大爷”只在北京小圈里凑合着用。过去的“同志”变成了“同性恋”的专有名词，不敢叫了。想恢复传统，却一时有些不知所措。伶牙俐齿的CCTV主持人见到美女，想要讨她欢心，于是，称其父为“家父”，惹得一时哄笑；以为主持人见色起心，要收人家做媳妇，一时性急，竟直接称其父为“家父”了。

忽然看到大大小小的公司冒出来，不知谁先灵机一动，见了男士就叫“老板”，对方见钱颜开，很是流行了一阵。问题是遇到一个看大门的，你叫他“老板”，他本来吃不饱穿不暖，恨死了“老板”，一听你叫他“老板”，那情绪一下子激发起来，认为你是侮辱他，气呼呼地要同你拼命！最后，政府发文规定，男士以后就叫“先生”，这才渐渐流行。但是，“先生”多了，见了“后生”晚辈又有些不自然。终于还是定格在“官本位”上，见了男人就称“领导”，皆大欢喜！

汉字，音像并茂的童话

当代信息革命导致了音像并茂的新阅读形式，然而，这一革命的起点，早已存在于汉字中。一个个抑扬顿挫的语音韵律，生动活泼的形象，真是说的比唱的好听！写的比画的好看！小时候，虽然不懂汉字的深奥含义，但是，每到月挂树梢，父母在徐徐拂面的醉人晚风中，教我背诵唐诗宋词时，我眼前总是充满五彩缤纷的梦幻，“月落乌啼霜满天，江枫渔火对愁眠。姑苏城外寒山寺，夜半钟声到客船。”乌鹊啼叫如眠曲，繁星闪烁似银灯，江边垂柳随风摇曳，唤起我无限遐思……

前仆后继
过去“仆”倒爬不起
如今“赴”前很神气
前赴后继
汉字好比一堵墙
阻断西化派用场
e世界
孔子进e庙
什么都想问

对音乐和美术的爱好也许就是从汉语音韵的熏陶开始的。

渐渐懂事了，懵懵懂懂地睁大眼睛看人间世事，学着大人拿笔涂鸦，才知道汉字就像画画一样，孕育着说不完的故事，“目”分明就是圆睁的眼睛，“口”自然极像张开的大口，嫦娥姐姐住的“月”宫，看起来天上的月亮，中间还有房子呢! 这个图案是古代人记录“鱼”的符号，鱼鳞闪亮的身体，微微撅起的脑袋，在水上悠哉游哉地漂游；这个符号看起来它像一只“鸡”，在两千年前，人们用它来表示“鸟”。古人写的“山”，形状就像天涯海角的悬崖峭壁，“森林”简直就是大兴安岭挺拔葳蕤的丛林。

造字的仓颉一定是个天才的艺术家，将美妙的声音和形象，组合成惟妙惟肖的汉字。由这种形象的文字组成的汉语更像美丽的童话，充满想象，摄取了自然界中动物、植物的灵魂，赋予自然万物以生命，汉语言仿佛隐含着深邃的情感和超自然的神力。在如歌的节奏和似景的形象中，你阅读着汉语，情感和思绪情不自禁地如泉而涌。时而涓涓细流，滋润万类；时而奔波千里，向往大海，使你渐渐地洞察自然的秘密，理解人生的意义。

不要怪我狭隘，不要说我偏颇。生为中国人，伴随着汉语长大，你不能不深感汉语的美妙神奇，至少，世界上大多数民族的拼音文字，不具有生动的形象。也许它们也能像汉语那样抑扬顿挫，但无论如何没有汉语那样声形兼具，图文并茂。看看书本上那些生动活泼的图案，你就会听到空山鸟语，巫峡猿鸣；听到孔子的教诲，朱子的训诫。清心如梦的《春江花月夜》，刀光剑影的《十面埋伏》，飘逸如仙的“吴带当风”，风流倜傥的“李白醉酒”飘然而至。你就像掌握了打开知识宝库的钥匙，走进博物馆藏，穿越时空的隧道，揭开世界的奥秘。

美妙的汉字，它蕴藏着中国的文化，跨越历史时空，它就是伴随我生长的童话！与中华民族同在的童话！

“梨花诗”与“羊羔体”

中国诗词改革自五四新文化运动以来，到今天可以说是取得了五彩缤纷的果实。当梨花诗涌出“我最最讨厌是上厕所不冲马桶”的“佳句”的时候，我便后都冲三次厕所；当裸体诗人要一丝不挂才有诗意大发的时候，我很担心自己脱衣或者睡觉时就成了桂冠诗人；当听说中国鲁迅文学奖推出了“羊羔体”，我知道从此以后，想做诗人可以直接上东来顺、小肥羊搓一顿了！

其实中国古代文化现象最令人陶醉的就是诗词，不幸的后代在瞎胡闹的革命中将老祖宗的宝贵财富彻底地糟蹋了。

诗歌具有民族性，不可能脱离民族语言的特点。中国诗词由于独树一帜的音与形的构造，具有与其他文字不一样的音韵学特点，例如四声的排列导致中国古代诗歌具有特殊的声韵，如同俗话所说：说的比唱的好听。

现代诗在自由化的西化大潮中，抛弃了古体诗词平仄规律，看来不是改革，而是抛弃，有些过头了。韵律过于繁琐应当简化，但诗词没有韵，就不成为诗词，不过是一句一句无病呻吟、拉腔拉调的散文罢了。保留些什么？还得向民间学习。只要看看民间流传的说唱词就可看出，韵律是不可少的。

有诗为证：

满纸荒唐言，一把辛酸泪。

都云诗词繁，谁得其中味？

钞票的投票

旧时，去戏院看戏是十分优雅的事，名演员往往是社会贤达上流社会捧出来的，一般老百姓说不上话。但是，自从中国出现“超女”以来，通俗文化占领了舞台，亿万群众的力量就是不可挡的文化革命力量。这种力量的最雄厚基础在于经济实力，现在买票看戏的钱老百姓还是拿得出来的。

金钱的力量无往不胜，上亿的票房能把所有的批评打压下去了。再荒唐的“三枪”、“戏说”、“歪传”，就是比所谓的高雅卖座，你有什么办法？

坚守高雅，不但群众不买票，你恐怕连饭都吃不饱，能高雅到哪了去？你说他（她）低俗，可是人家出场就是几十万，粉丝如潮涌，热情烫死人，有人为他守身不嫁，有人为他蹈海跳楼，你有什么办法！？

在人民战争面前，高雅的阵营很快分裂了，一些不那么坚定的初级高雅分子先开溜，削尖脑袋加入通俗队伍。最后只剩下几个顽固不化的死硬分子，走投无路，或向联合国申遗；或强烈要求政府保护。还有的引经据典，发现历史上名流高士都靠富婆包养；女性名流中兼美女者从来不缺人养，只是不怎么养眼者有些麻烦；孤芳自赏是自欺欺人，终于，撑不住了，只好低下高傲的头，也向低俗献媚。